神島の歴史と空間

——日本の原風景——

北村　優季

目次

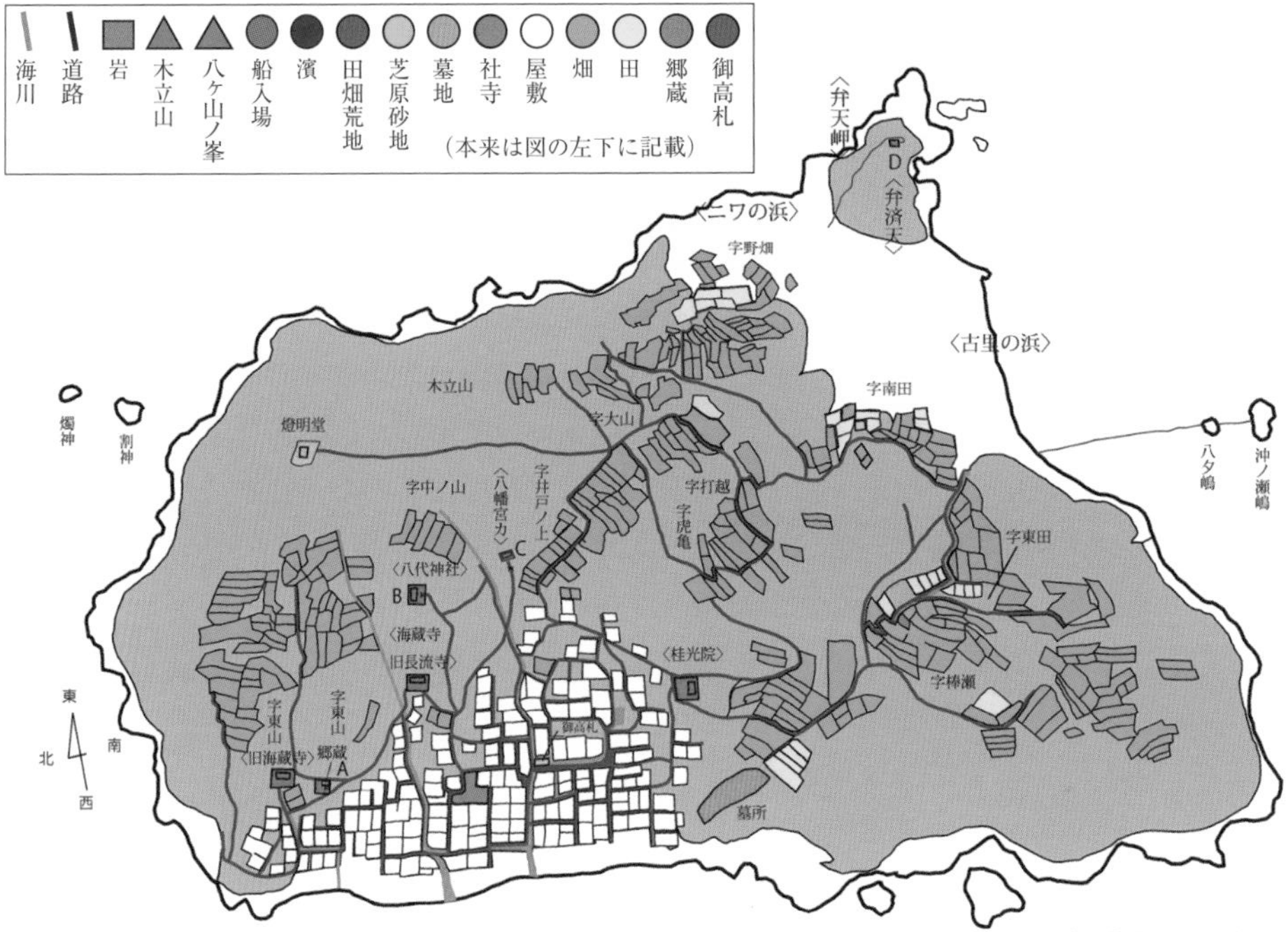

海川
道路
岩
木立山
八ヶ山ノ峯
船入場
濱
田畑荒地
芝原砂地
墓地
社寺
屋敷
畑
田
郷蔵
御高札
(本来は図の左下に記載)
〈弁天岬〉
D
〈弁済天〉
〈ニワの浜〉
〈古里の浜〉
字野畑
字南田
木立山
燈明堂
字大山
字中ノ山
〈八幡宮カ〉
字井戸ノ上
C
字打越
字虎亀
字東田
〈八代神社〉
B
〈海蔵寺
旧長流寺〉
〈桂光院〉
字棒瀬
字東山
字東山
〈旧海蔵寺〉
郷蔵
A
御高札
墓所
燭神
割神
八夕嶋
沖ノ瀬嶋
東
北
南
西

明治五年神島地引絵図

はしがき

伊勢湾に浮かぶ神島は、太平洋の荒波をまともに受ける小さな孤島である。神島は「かみじま」と表記されることもあるが、地元の人は「かみしま」と濁点を付けずに発音し、頭にアクセントを置いて呼ぶのが普通のようである。その現地を訪れると、家々が斜面に密集して立ち並び、いかにも漁村らしい特徴的な景観を見せている。現在の人口はおよそ三〇〇人を超える程度で、店舗らしい建物もごく少なく、現代日本の地方社会の典型のような地域である。しかし、この島には、島の唯一の神社である八代神社に伝来した多数の古文書が残されており、それによって近世の姿をたどることができる。また、そこには村絵図も残されていて、現代まで貴重な地理情報を伝えている。加えて、神島に関しては、江戸時代の渡辺崋山が著した一九世紀の絵画史料が伝わり、現代にあっても神島の様子を立体的に把握することができる。神島というこの小さな島は、近世の古文書と絵図、そして絵画史料がセットとなって伝存している、きわめて珍しい土地なのである。

神島に現存する家々や道、それらによって形成された集落も、孤島であることによって古い形態を伝えている。家屋は現代の建材が使用され、日本各地に見られる家とさほど違いはないが、その敷地や路地のように狭い道は、長年姿を変えていないように見える。実際、神島に残った明治初頭の絵図を見ると、家屋の大半や道の形態はほとんどその頃と変わっていない。現在の神島の集落は、実は明治初年の、ひいては江戸時代の村落のあり方をそのまま継承しているといっても過言ではない。日本には重要建造物群保存地区といわれる古い町並が各地に点在しており、江戸時代から明治にかけての美しい景観が注意深く保存されている。それと比べると、神島にある家屋はごく最近のもので「伝統的」とはいいがたい。しかし、道や建物の敷地は基本的にそのまま江戸時代のものを継承しており、今も古い時代を実際に体験することができる。神島は日本全体を見渡しても珍しい、そのような貴重な景観を維持している。これからの文章で伝えたいことは、ほぼこの一点に尽きると言っても過言ではない。神島は現代からみると、奇跡のような土地でもあった。

第一章　歴史と環境

第1節　三島由紀夫と柳田国男

神島は伊勢湾の入り口に位置する離島である。行政区画としては三重県鳥羽市神島町ということになるが、志摩半島の沖合に位置し豊かな漁場に恵まれた神島は、島民のほとんどが漁業や海運業に従事する、典型的な漁村としての特徴を示している。

この小さな島は、三島由紀夫の小説『潮騒』の舞台となったことでも名高い。三島がこの小説を発表したのは昭和二九年（一九五四）六月のことであったが、作品は刊行直後から大きな反響を呼び、ただちに映画化されて同じ年の一〇月には上映されたほか、昭和三一年（一九五六）には英訳本も刊行され、これによって彼の存在は広く海外にも知られることになった。周知のようにこの作品は、中学を出て間もない島の住人、一八歳の久保新治と、島に呼び戻されて間もない宮田初江の二人を主人公とした青春物語であるが、そのストーリーの巧みさとともに、近代の都市文化と隔絶した神島の

「自然」を多くの人に印象づけることになった。彼は『潮騒』刊行の前年、すなわち昭和二八年の三月と八月の二度にわたって神島に滞在して島民と生活をともにし、その結果綿密な取材ノートも残しているが、作品に描かれる島の記述は、同時にすぐれた記録としての価値をもっている。

『潮騒』はこの後もくり返し映画化され、神島の存在を多くの人々に知らしめたが、ただ、それ以前から民俗学の研究対象として著名な存在であったことも忘れてはならない。古くは明治時代に柳田国男が伊良湖岬《いらごみさき》から神島に足を運び、その紀行文が「遊海島記」と題して残されているのが著名である（明治三五年。『定本柳田国男全集2』所収）。当時大学生であった柳田は明治三一年（一八九八）の夏に伊良湖岬で二ヶ月間逗留し、その間伊勢湾の島々をめぐってその記録を残した。それは明治三五年（一九〇二）に上記の題名を付して公刊されたが、それによると船で彼が神島に渡ったのは「水無月」の望月の頃（六月）で、島にあった桂光院という寺に二泊してそこの住職の案内で島のあちこちを歩き、また「村隠居」と呼ばれた老人から多くの話を聞いた。彼は伊良湖岬から見える神島を「仙境を望む思い」で眺めたというが、島に着いてからも精力的に島民の生活を見聞して多くの記録を残している。

神島には家の数二百許《ばかり》あり。多くは海の業に暇なく、世に疎きが常なれど、時ありて名古屋、豊橋あたりに往き通う者あり。鳥羽の港よりは月に三四度、郵便脚夫、巡査などを乗せて来る船あれば（以下略）

と書き、わずかな島民が名古屋・豊橋や鳥羽との関係を保ちつつも、基本的に孤立した生活を送ったことを紹介している。

なお、この時には明治から大正にかけて小説家として名をなした田山花袋も同行している。東京生まれの田山花袋にとって伊勢湾のこの景色はよほど印象的だったようで、それを「丁度その時柳田君がそこに行っていて、瀟洒な貴族風な大学生ぶりをそこらに振廻していて、一緒に舟で神島へと渡った。神島は今一度是非行ってみたいと今でも思っているほどそれほど好風景であった。尠《すくな》くとも鳥羽水道の怒濤は海山の勝として日本屈指のものであることを疑わない」と記している（『東京の三十年』）。花袋が感心したのは、「鳥羽水道」の字句から判断すると、島の西側にあった志摩半島を望む海岸とそこに打ち寄せる激しい波の光景であったらしい。そしてそれを「日本屈指」のものと書いたが、その光景は今でも少しも変わっていない。

ところで、柳田は民俗学的な素養が発揮されたためか、島民の生活を細かく記録することも忘れなかった。その一部を紹介すると、たとえば「北の平地は隘く、南なるは寛かなるに、なお里人が北にのみ集まりて住めるは、遠浅の舟の上下に便なると、大洋の風を厭うがためなるべし。南の浜へ行くには細き小径《みち》あり。径の両側に山の雫を堰き溜めて、わずかなる稲を植えたり。山畑に麦も作るといえど、これを合せて島人二月《ふたつき》の糧に足らず。その余は知多郡より運ぶなるべし。」と書いて、集落が島の北側に位置する狭い平坦地に集中していることや、それが太平洋からの強風を避けるためであることを指摘している。また南側には広い平坦地があって水源も存在するが、そこには人家が無く、かわりにわずかな稲田が存在するという。また島の山を開墾した段々畑では麦も作付けされているが、しかしそれらは島民の食料をまかなうには少なく、穀物を知多半島から搬入する必要があったとしている。神島では極端に耕地が少なくまた離島ということもあって、明治三一年当時には食料の確保が大きな問題となっていたのである。

これに対し、戦後になると数多くの民俗学研究者がこの島に注目するようになった。たとえば、終戦間もない昭和二三年に発表された和歌森太郎「神島の村落構成と神事」(『民間伝承』一二の一一・一二合併号、一九四八年)では、島が三つのセコに分かれて社会生活を営んだことなどを指摘し、これをはじめとして現地調査を実施した本格的な研究が相次いで発表されている。昭和四〇年(一九六五)に刊行された和歌森太郎編『志摩の民俗』(吉川弘文館)でも、神島は志摩半島の漁村集落の一つとして、さまざま視点から分析が加えらた。神島は、三重県側の志摩半島や、愛知県の渥美半島、知多半島からも一定の距離を保ち、また厳しい自然条件のもとで周囲と孤立して存在してきたが、そのことが逆に、この島の特徴を際立たせたのである。三島由紀夫が自身の小説の舞台としてこの島を選んだのは、「都会の影響を少しも受けてゐず、風光明媚で、経済的にもやや富裕な漁村」であったからだと述べているが(「神島の思ひ出」)、近代化と一線を画した神島は、その故に多くの民俗学者をひき付けてきたといってよいであろう。

しかし、民俗学の視点は、どちらかといえば、特殊な神事や社会的習俗に偏りがちである。毎年正月元日の早朝に行われたゲーター祭は、グミの木で作った大輪(「アワ」)を島の男たちが天に向かって突き上げる光景で有名であるが、神島にはこのような祭祀が数多く残されている。また「おたつ上臈《じょうろう》」をはじめ、独創的な伝説や民話も少なくないが、民俗学の視点はこのような前近代的要素に集中することが多いように見受けられる。

これに対し、神島のようなまとまった地域を理解するための視点として、集落や耕地の平面構成を分析する手法がある。こうした方法は、建築史や都市史ではもっとも基本的な作業であり、それをもとにしたすぐれた業績も数多く出されているが、民俗学ではあまり注目されることがない。たとえば、前掲『志摩の民俗』にあっても、第二章「衣食住の特色」（市原輝士氏執筆）の中で「3．住居の構造と景観」の項目が立てられているが、志摩地方にみられる家屋の類例を多数紹介する一方で、家相互の関係や集落全体の構成については言及されるところがないのである。漁村といえば一般に、海のそばにへばりつくように家屋が密集し、その中を迷路のように小道が走る景観が思い浮かぶが、往々にして、そうした集落は「自然に」できあがったものと思い込みがちである。しかしそうではないことを、建築学の原広司氏が次のように述べて注意を喚起している（『集落の教え　一〇〇』）。

集落は、自然発生的に作られているとしばしば説明されているが、集落の諸要素（住居、公共施設など）と、それらの配列によって決定される基本的な形態から始まって、たまたまそうなったとしか思えない細部に至るまで、実際にはむしろ高度に計画されていると考えることができる。

集落を調べてゆくにしたがって感じられるのは、まさにこの計画性なのである

とあるのがその表現だが、以下本稿では、こうした点に注意しながら、神島の平面構成やその構成原理を明らかにし、神島という独特な集落を理解するための手がかりを得ることにしたい。

第２節　土地利用と人口の変遷

小説『潮騒』は次のような文章で始まっている。

歌島は人口千四百、周囲一里に充たない小島である。歌島に眺めのもっとも美しい場所が二つある。一つは島の頂きちかく、北西に向かって建てられた八代神社である。ここからは、島がその湾口に位している伊勢海の周辺が隈なく見える。北には知多半島が迫り、東から北へ渥美半島が延びている。西には宇治山田から津の四日市に至る海岸線が隠見している。（『潮騒』第一章）

ここにもあるように、神島は周囲三・九km、面積にして〇・七六平方kmの小島である。平成一六年（二〇〇四）の時点で、人口は五一九人、一九九世帯を数え、平均すれば一戸あたり二～三人の家族構成となる。また、島民のうち、六五歳以上の高齢者は一八四人に達し、ほぼ三人に一人の割合になっている（二〇〇五離島統計年報島別データ）。こうした数字からは、若年層の島離れが進行し、高齢者が島の家を守る姿が浮かび上がってくるが、それはまた、現代日本の各地で見られる地方社会の光景でもある。それが二〇二一年七月の時点では、鳥羽市ホームページによると、人口三一五人、世帯数一五五となっており、過疎化がいっそう進行していることがうかがえる。人口だけでもこの十数年で四割も減少したのである。

神島の周囲には豊かな漁場が広がっているが、平坦地はきわめて限られており、また太平洋からの

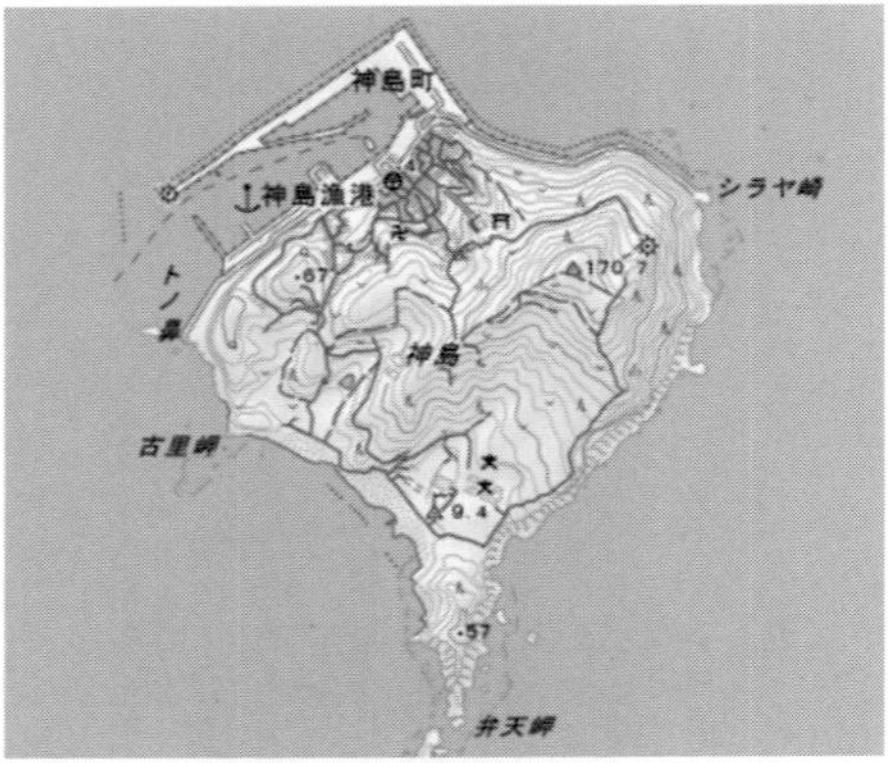

図１　神島（国土地理院 Web ページより）

強風を避けるためもあって、島民の住居は島の北端の斜面にまとまって発達した。港が設けられたのもこの場所である。急峻な斜面は樹木でおおわれ、燃料となる柴木を採取するくらいしか利用価値がないようにも見えるが、しかし実際には、北側の斜面を中心に灯明山《とうめやま》の頂上付近まで階段状の畑が作られ、限界まで土地の有効利用が図られている。

　図1の地形図にあるように、集落が島の北側にまとまって立地しているのに対し、その南側は急峻な丘陵地帯が広がり、全体としてエイの姿のような形をしているが、その尻尾の部分にあたるのが弁天岬《べんてんざき》である。そして、その両側には砂浜が広がっている。東にあるのがニワの浜で、ここはその名の通り、家屋の庭のようにごく狭い砂浜であるが、この沖合ではサザエやアワビを採取する海女漁が行われる。反対側の西側には古里《ごり》の浜と呼ばれる広い砂浜が続いているが、神島の周囲は岩場が続き、ここがほとんど唯一の砂浜となっている。そして、その南端には八畳岩《はちじょういわ》（八丈が島）と呼ばれる巨岩があって、海辺の平地に威容を誇っている。高さおよそ五メートル、幅三〇メートルほどで、漢字に直せば八丈岩と書くのがふさわしい。

島の集落が北側にまとまっていることは先にも書いたが、その南側の斜面の中腹には、島でただ一つの神社である八代《やつしろ》神社が鎮座している。長い階段道をのぼって社殿にたどり着くと、整備された社殿と拝殿が現在も見ることができる。さらに、そこから東側に坂道をたどるとその先に島の灯台があるが、この灯台は今も伊良湖水道を通交する船のために利用されている。小説『潮騒』では、主人公新治が灯台長の住む宿舎に魚を届ける場面が描かれるなど、灯台長の一家は重要な登場人物になっているが、現在は灯台そのものが無人で運用され、今は宿舎そのものも撤去されている。また、その付近から坂を登ったところが灯明山《とうめやま》の頂上で、国土地理院の地図によると標高一七〇メートル、かつて神島の燈明堂《とうみょうどう》が置かれた場所であるが、現在は狭い平坦地に通信塔が建てられ、鬱蒼と樹木が生い茂っている。

図２　神島周辺図

さて、先にも記したように、神島は伊勢湾の出入り口に位置するが、志摩半島の鳥羽佐田浜港から約一六㎞、渥美半島の先端にある伊良湖港からは約四㎞、それぞれ離れている。ともに港から定期連絡船が出ており、鳥羽からは約四〇分で、伊良湖からは一五分ほどで行くことができる。このうち鳥羽からの定期船には、近年双胴の新型船が就航し、所要時間が大きく短縮されるとともに、海上の航行も安定し、多少の風や波でも問題なく運行されるようになった。ただし、位置的にはむしろ愛知県側に近いことに変わりはない。

図2に見られるように、神島は愛知県の渥美半島と志摩半島の中間に位置し、南西の方角には答志《とうし》島《じま》や菅島《すがしま》などの鳥羽市に属する離島が位置している。一方で、東側には、渥美半島や知多半島が位置し、二つの半島にはさまれた三河湾には、佐久島《さくしま》・日間賀島《ひまかじま》・篠島《しのじま》の三つの島が位置している。これらは志摩半島と同じような距離関係にあって、実際、神島からは愛知県側の島々がすぐ間近にみることができる。

では、なぜ神島は三重県側に属することになったのだろうか。それには海底の地形が深く関係していたと推測される。この付近の海底地形を観察すると、図3に見えるように、神島の南西方向には水深四〇メートル以内の浅海が志摩半島まで続いており、沿岸漁業の格好の漁場となっている。また、海底が岩石におおわれた場所は特に好漁場であるとされ、「タイの島」「セギョウ瀬」などと呼ばれている漁場が、このあたりに集中して分布している。沿岸漁業という点で見れば神島は、志摩半島と一体となって漁場を形成していたのであり、志摩半島の延長部としての性格を持っていた。これに対して、神島の北側では、水深四〇メートルを超える海域が広がり、小型船での操業には適していない。神島と渥美半島にはさまれたこの海域は伊良湖水道と呼ばれ、大型船が伊勢湾内に入るルートになっているが、同時に激しい潮流で有名な場所でもあって、小型船にとってはきびしい自然条件となって

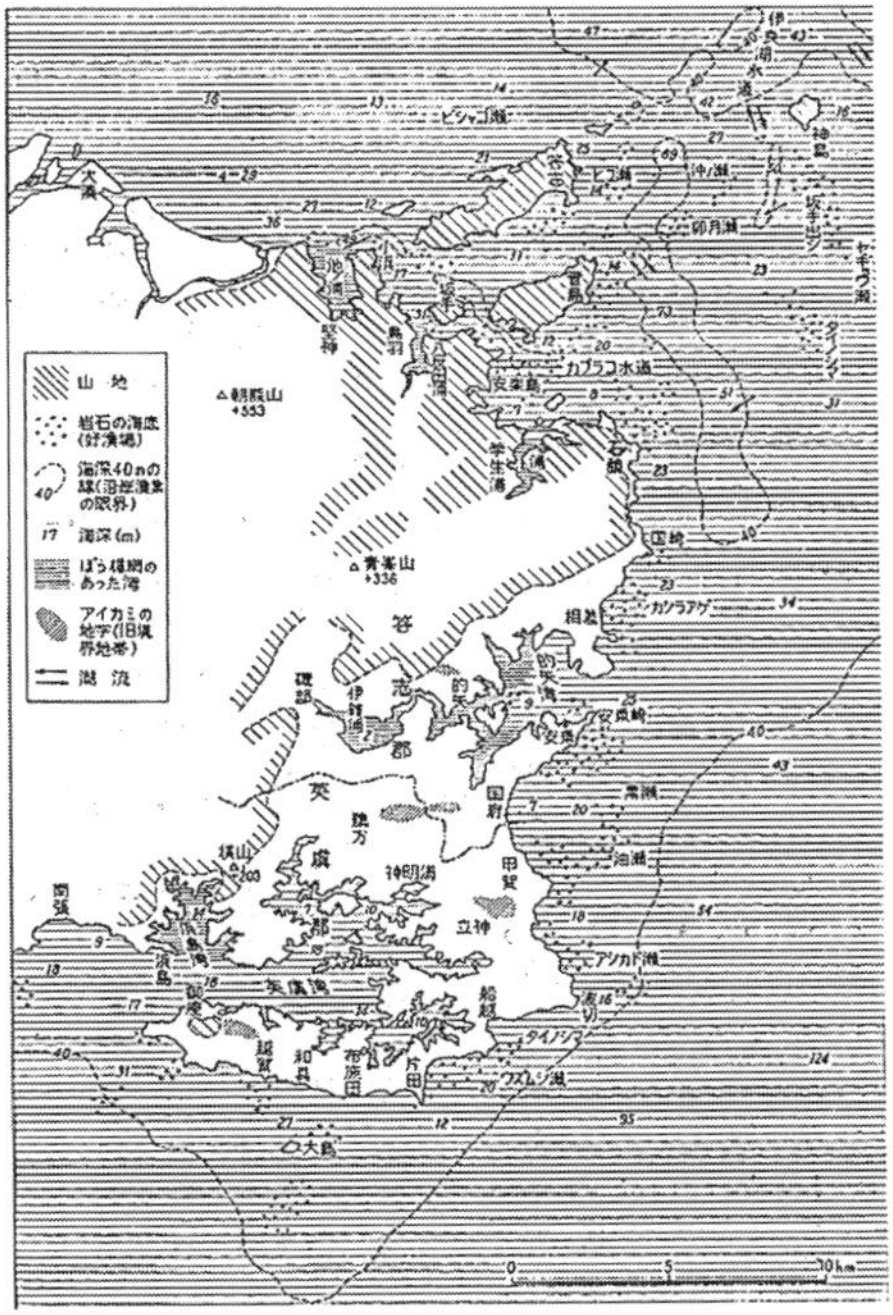

図3　志摩地方の海底地形（『志摩の民俗』より）

いた。神島と愛知県側との間は海上交通の難所にあたっており、そのために自由な往来が制限されていたのである。そして、こうした自然条件を反映して、神島は古くから鳥羽市を中心とする志摩半島との結びつきを強めてきたのである。

志摩半島一帯は、律令制の時代以来志摩国《しまのくに》に属し、同国は答志《とうし》、英虞《あご》二郡で構成されていたが、答志島に近い神島が答志郡に含まれていたことはほぼ間違いない。ただし、神島の名前は古代の文献で確認できない。しかし、『万葉集』巻一に「伊勢国」にあったとされる「伊良虞島」は、この神島と関連があったのではないだろうか。同書巻1・二三、二四番歌には、

麻績王の伊勢国の伊良虞の島に流されし時に、人の哀傷して作りし歌

打麻《うちそ》を　麻績《おみ》の王　海人なれや　伊良虞《いらご》の島の　玉藻刈ります

うつせみの　命を惜しみ　波に濡れ、伊良虞の島の　玉藻刈り食む

とあって、麻績王《おみのおおきみ》が流罪に処せられて伊良虞《いらご》（伊良湖）島に送られたとき、それを憐れんだ人が歌った歌を収めている。伊良虞とは伊良湖のことだが、渥美半島先端の伊良湖岬周辺には、それに該当する孤島は存在しない。三河湾の篠島や佐久島が三河国に属していたことは、平城宮から発見されている荷札木簡からも確認できるので、だとすれば、すでに澤瀉久孝『萬葉集注釈』一巻が指摘しているように、伊勢国に属するという伊良虞島は神島に該当する可能性が高いのである。

伊良虞島に関しては、同じ『万葉集』巻一に柿本人麻呂による次の三首を載せている。

伊勢国に幸したまひし時に、京に留まりし柿本朝臣人麻呂の作りし歌

あみの浦に　船乗りすらむ　娘子らが　玉裳の裾に　潮満つらむか（四〇）

釧つく　答志の岬に　今日もかも　大宮人の　玉藻刈るらむ（四一）

潮騒に　伊良虞の島辺　漕ぐ船に　妹乗るらむか　荒き島廻を（四二）

題詞によれば、持統天皇が伊勢国に行幸した際、都に留まった柿本人麻呂が天皇を思って詠んだ歌である。ここには、「あみの浦」（原文は嗚呼見乃浦）、「答志」（原文は手節）、「伊良虞の島辺」（原文は五十等児乃嶋辺）の三ヶ所の地名が記載されるが、このうち「答志」が現在の答志島であることは間違いない。また「伊良虞の島辺」は、先の指摘を参考にすると、ここが神島にあたる可能性が高い。「潮騒の中、島のあたりを漕ぐ船に我が妹は乗っているだろうか」という意味で、「荒き島廻を」と重ねて表現しているところからすると、神島への渡航には強い潮流が障害になったらしい。さて、

最初の「あみの浦」であるが、ここは泊浦とも呼ばれた「鳥羽浦」のことと推察される（『大日本地名辞書』）。現在、鳥羽湾の入り江に立つと、左手には答志島の威容が、右手には菅島の島影が見え、その間にカブトを伏せたような形の神島が、晴れた日には手が届きそうな場所にくっきりと見ることができる。柿本人麻呂は、あたかも鳥羽の地に自分の身を置き、眼前に広がる答志島や神島の光景を想像していたのだろう。ちなみに「潮騒」は原文では「潮左為《しおさい》」となっているが、これは潮騒という言葉の用例としてはもっとも古い例である。偶然なのだろうが、潮騒という言葉は、そもそも当初から神島と深い縁を持っていたのである。

このように、万葉集の中では答志島や伊良虞島（神島）が伊勢国に属していたことを確認できるが、おそらく奈良時代になって志摩国が分立するとともに、これらも志摩国に属することになったのだろう。ただ、それ以上のことになると、わからないことが多い。これに対し、中世になると別の一面を見ることができる。すなわち、一四世紀半ばに成立したとされる『神鳳鈔《じんぽうしょう》』（『群書類従』第一輯）には、伊勢神宮の所領が列挙されているが、その中に、志摩国答志郡の所領の一つとして「神嶋」が挙げられており、同所が伊勢神宮の所領になっていたことがわかる。『神鳳鈔』には神島のほかにも須賀嶋（菅島）、泊浦御厨（鳥羽）、坂手御厨（坂手島）などの名前も見えており、鳥羽湾沖合の離島がいずれも答志郡に属する、伊勢神宮の所領となったことがわかる。伊勢神宮はこの時期、度会・多気の二郡とともに答志郡を神郡とし、それらを支配下に収めたのである。

戦国時代から近世にかけては、志摩地方の国人であった九鬼嘉隆が、織田信長の配下となって長島の一向一揆や大坂の石山合戦で功績を挙げ、鳥羽城を拠点とする大名となってこの地域一帯を配下に置くようになった。それにともない、答志郡も大名九鬼氏の支配地に入り、鳥羽藩に組み込まれるようになった。このように、神島は古代以来継続して答志郡に属し、志摩半島の一地域を構成していたことがうかがえる。距離関係だけを見れば、三河の渥美半島や尾張の知多半島とも至近の場所に位置したが、行政組織としては一貫して志摩国に属したのである。

神島の歴史を物語る資料としては、このほか、八代神社に伝えられた宝物群を挙げることができる。八代神社は灯明山の北側中腹にあり、海神ワタツミの命を祀るとされる島内唯一の神社である。小説『潮騒』にもたびたび登場するが、ゲーター祭がこの神社の祭礼であることにも見られるように、島民の信仰の拠り所となっている。

この八代神社には多くの宝物が収蔵され、現在それらは、神社の下にある文化財収蔵庫で大切に保管されているが、その宝物には七一面の鏡をはじめとして、頭椎太刀《かぶつちのたち》二枝、経筒関連品などが保管され、多くは航海の安全を祈って神島に奉納された品々であったと考えられている。ただ宝物類のうち、太刀や「漢式鏡」と呼ばれる中国製の鏡については、これを島内の古墳出土品と見る考えもあって、そのように説明されることも少なくない。島内には古墳と伝えられるいくつかの墳丘があり、それらから出土したものと伝えられているのである。しかし古代国家による祭祀の詳細を記した『延喜式』（巻八）によると、古代の祭祀の執行にあたっては通常「幣帛」が奉納されたが、その奉納品には絹などの繊維製品のほか、太刀や鏡が使用されていたことが確認される。このことからすると、これらの鏡や太刀も、古墳の副葬品ではなく、神への献納品と解釈して間違いないだろう。七一面の鏡には、古墳時代のものから鎌倉・室町時代のものまでが含まれているというが、このことは、この地が古代以来ずっと、船舶が往来する海上交通の要衝であったことを物語っている。おそらくは、これらの品々を奉納することで、伊勢湾での航海の安全を願ったのである。

なお、こうした神事があったことは、島に残った地名と関係するところがあるのかもしれない。ここでは先に、島の南端にある弁天岬の東西に二つの砂浜が広がっていることを紹介したが、東側の「ニワの浜」という地名は、神の言葉を聞いて判断を下す審神者（さにわ）を連想させる。一方、西側の浜は「古里の浜」と呼ばれるが、ゴリという言葉は、水垢離（みずごり）と関連するのではないだろうか。水垢離または垢離（こり）は、その名前の通り、水を流すことによって自身の清浄を保つ宗教行為であるが、砂浜でこうした行事が行われたとしても不自然ではなかろう。ニワの浜、古里の浜は、

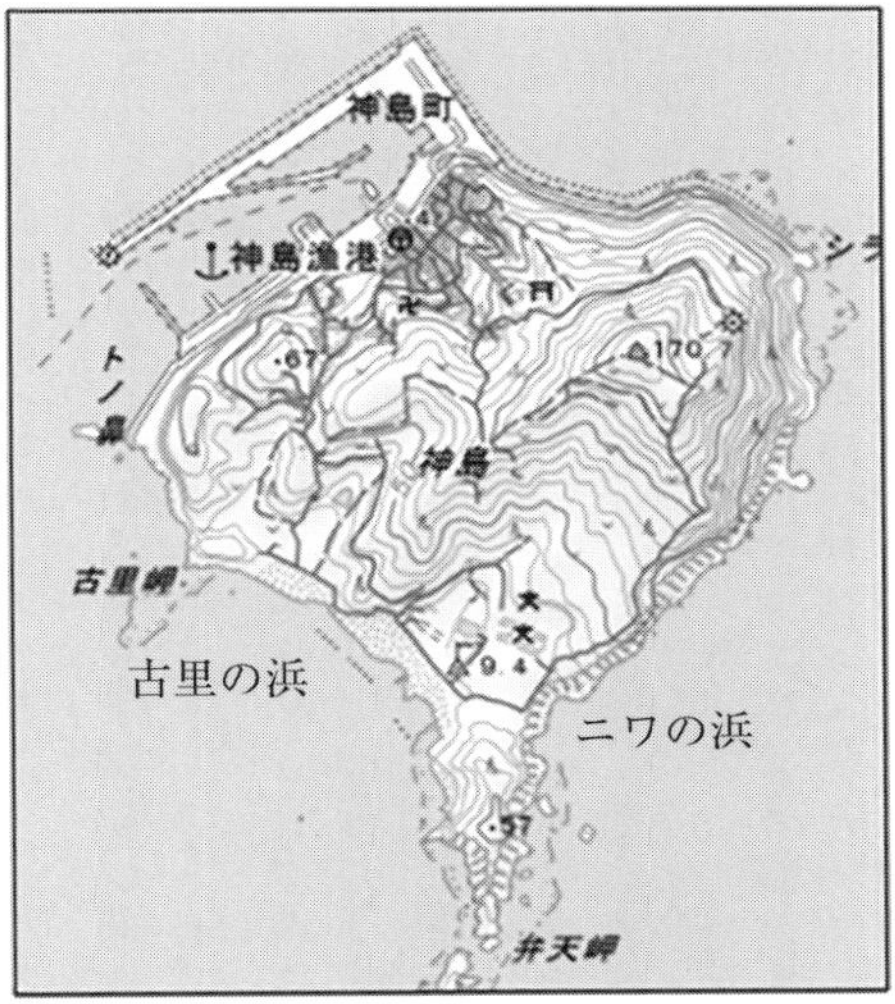

図４　浜と集落（国土地理院 Web ページ地形図を一部改変）

こうした航海の安全を神に祈る場所として使用されたことが考えられるのである。それは、この島が神島という名前で呼ばれることとも密接に関係したにちがいない。

神島が海上交通の要衝であったことは、すでに江戸時代に「燈明堂《とうみょうどう》」が設置されていたことにもあらわれている。神島の燈明堂は、志摩安乗《あのり》村のそれとともに延宝元年（一六七三）に創設され、浦賀奉行の管轄するところであった。伊勢出身の江戸商人河村瑞賢の設置になるもので、つまり西廻り航路開設の一環だったのである。西廻り海運は、日本海から下関を経て大坂に至り、紀伊半島を回って伊豆半島の下田まで進む海路である。最後の寄港地は志摩半島にある伊勢国方座（ほうざ）浦、志摩国安乗（あのり）浦で、そこから一気に太平洋を渡り伊豆半島の下田まで到達する。こうして、東北地方の物資を江戸まで安全に届けることが可能になったが、その航路はちょうど神島の南方に当り、島は航海の目印となった。灯明山の頂上に設置された神島の燈明堂は、菅島東端に設置された燈明堂とともに、太平洋を航行する船の重要な標識となっていたのである。なお、現在の神島燈台は、明治四三年（一九一〇）に開設されたもので、灯明山の中腹、島の東側斜面に位置していて、江戸時代以来の燈明堂とは違う場所に位置している。それは伊良湖水道を航行する船舶のためのもので、その設置目的は江戸時代のそれとまったく異なっていたのである。海上保安庁編『日本燈台史』によれば、神島の燈明堂は明治六年（一八七三）に、安乗崎燈明台と同時に廃止されていて、ここにいったん神島の灯台は姿を消し、それから四〇年ほどの間は灯台不在の時間が流れていたのである。

最後に、神島の人口について簡単にたどっておくことにしたい。神島にどれほどの人々が暮らしていたのかということである。ただ、近代以前には正確な人口統計が作られておらず、その詳細も不明な点が多い。しかし、山崎英二『志摩国近世漁村資料集』に収録されている延享二年（一七四五）に書かれた「鳥羽領内村々禄高帳」によると、神島村は戸数一三七戸、人口五九三人という数字が記されている。一戸あたり四人強で構成されていたことになり、前近代の家族としてはやや少ない印象である。

江戸時代の神島の人口については、このほかにも何種類か数字が伝えられているが、信頼できる資料では、第一回国勢調査（大正九年〈一九二〇〉）において、一六九戸・七四〇人を数え、以下、昭和一〇年（一九三五）には一九八戸・一一〇五人、昭和三〇年（一九五五）には二四四戸、一三六一人と、次第に増加する傾向を示している。そして昭和三〇年代から四〇年代にかけては一二〇〇人前後の人口を維持していくのである。しかし昭和五四年（一九七九）には二三七戸・九五六人と再び千人を割り込み、以後減少傾向に転じたようである（田辺悟・田辺弥栄子『潮騒の島』）。先に紹介したように、平成一六年（二〇〇四）の統計では一九九世帯、五一九人となっているが、これは人口規模としてはほぼ江戸時代のそれに等しい。人口としては再び江戸時代の水準に戻ったのである。ただし、一世帯あたりの人数は二人強で、世帯人数が著しく少なくなっていることが現代的特徴といえる。就職や進学のために若者が島を出て、島には親世代だけが残ることになったのであろう。二〇二一年の統計では、人口は三〇〇人を超える程度で、過疎化はいっそう進行し、そのためこの数年は、人手不足が原因となって長年続いたゲーター祭りも中止に追い込まれているという。現代はこれほどまでに大きな転換点となっているが、三島由紀夫が初めて神島を訪れた昭和二八年（一九五三）は、ちょうど神島の人口がピークを迎えた時期に当たっていた。小説『潮騒』には、神島が陸の孤島であっても賑やかな明るい印象があるのは、そのような社会背景もあるのだろう。

このように、明治から大正・昭和にかけて、神島の人口は次第に増加していったが、漁業を中心とする産業構造は基本的に変化していない。平成一二年（二〇〇〇）の国勢調査でも、全就業者二四〇人のうち、漁業従事者は一二〇人の多きに及んでいる（二〇〇五離島統計島別データ）。ただ、船舶の機械化が普及した結果、神島では小型船による運輸業がさかんになり、昭和三八年（一九六三）の時点ですでに、船主四七人、その従業員となっている者二二五人を数えた。小説『潮騒』の主人公新治が抱いた将来の夢も、「二十歳になったら免許を取って、航海士になる」ことであった。

船舶の機械化は、また漁業形態にも影響を与えたと思われる。ただし二〇〇四年の調査では、排水量一〇トンを超える船舶は約三〇隻で、全一四〇隻の船舶の大半は一〇トン以下の小型船で占められており、小規模な漁業形態が依然として続いていることを裏付けている。こうした小型船では、一本釣りや刺し網、タコ壺漁や海女漁が行われるが、島内の港に漁獲が水揚げされると、愛知県（豊浜、片名、篠島）、三重県（答志島、豊浜〈三重〉）から仲買人が来島し、入札によって漁獲を買い取っていく形式が維持されているという。これに対して、船曳漁を行う一〇トン以上の大型船は、その漁獲を直接津の市場に水揚げしている。今日まで神島には大規模な市場は形成されておらず、限定された仲買人が来島する形式が維持されているのである。

こうした形態が江戸時代以来ほとんど変わらなかったことも、また容易に想像されるところである。神島は伊勢湾の海上交通の要衝に位置していたが、鳥羽や知多・渥美半島とは至近の距離にあったためか、燈明堂はあっても、潮待ちの港として発達することはなかった。また、周囲には豊かな漁場が広がっていたが、それによって資本を蓄積し、商人・商家が発展することもなかったのである。さらに『志摩の民俗』によると、昭和三〇年〜四〇年ころまで「神島はほとんど島内婚である」ともいわれ、不特定多数の人々が来島することはまれであったと想像される。神島に独自の風土が形成されたのは、このような孤立的な歴史的条件が背景になっていたものと思われる。

第二章　神島の近世文書

第1節　藩政との関わり

神島の中ほど、八代神社に続く石段の脇の広場に、神島町の文化財収蔵庫がある。コンクリート造りで金属製の屋根を載せた建物は、周辺の民家を模したように見えるが、そこに八代神社に伝わった宝物が収蔵されている。その中に多くの鏡や太刀などの奉納品が含まれていることは先に紹介したが、そのほかにも多くの古文書が整理されてここに管理されている。神島についての古文書は、鳥羽市史編さん室編『鳥羽市史』上巻・下巻などの文献で活字化されているが、実はこの収蔵庫に保管された古文書は、ほとんど利用されていないのが現状である。しかし、筆者は平成一八年度〜二一年度の科学研究費補助金（研究課題「日本における漁業・漁民・漁村の総合的研究」代表岩田みゆき）によって神島の現地調査が実施され、その過程で「文化財収蔵庫」に保管された江戸時代にさかのぼる古文書を確認することができた。ここでは、これまでほとんど世間の目に触れることのなかった古文書を紹介し、それによって明治以前の神島の姿を垣間見ていくこととしたい。

さて、このような神島の古文書のうちで、すでに活字化された古文書がいくつか存在する。一つは、民俗学研究の業績である田辺悟・田辺弥栄子『潮騒の島　神島民俗誌』（光書房、一九八〇年）で、ここには神島の住民生活や、漁具を中心とした漁業の実態が詳細に述べられ、合わせて住民の民俗行事についても言及がなされている。この本は、神島の住民生活や民俗行事を記録したもっともまとまった文献の一つであるが、しかし江戸時代にさかのぼる史料は必ずしも多くない。ただその中で二つの古文書が紹介されており、それが神島の近世を描く基本的史料となっている。そのうち一つは元禄四年（一六九一）の指出帳《さしだしちょう》で、次のように書かれている（カッコ内の字句は筆者の加筆による）。

史料　元禄四年指出帳

一、八城大明神森
一、八幡宮森
一、弁済天森
一、海蔵寺山
一、長流寺山
一、桂光院《けいこういん》山
　　外ニ小宮四ヶ所
一、高拾石六斗六升　　是ハ前々より反別とても無御座候

内　五石　　浦役高前々より引
五石六斗六升　前々より年貢直（無カ）し
一、米弐拾（弐脱カ）石七斗壱升四合　　水主米《かこまい》
（中略）
一、米　米《(ママ)》九升壱合　惣米壱石ニ付四合宛目立《ずつめたて》
一、銀　五百六十目　浦役
内　二百四十目　七月納
百四十目　十月納
百六十目　極月納
一、蚫《あわび》
一、鯛
一、船数　七拾艘　内四艘　とっ而《て》い船
六十六艘　ちょろ船
又
一、小船　八拾五艘内　七十九艘　弐《に》かいなる船
六艘　魚商船
元禄四年未六月

（略）

神島村庄屋　清大夫
同　文右ヱ門

松平和泉守様御代
郡御奉行様

一部記載を省略してあるが、ここには、島の神社と寺院に付属する森・山六ヶ所を挙げるほか、主要な貢納物が列挙されている。「八城大明神《やつしろ》」は現在の八代神社を意味し、その他、八幡宮と弁済天という二つの神社、海蔵寺《かいぞうじ》・長流寺《ちょうりゅうじ》・桂光院という三つの寺が列挙されている。またそのあとの記述には、鳥羽藩に属した神島村の石高などが列挙されている。それによると、石高は十石六斗六升であるが、そのうち、五石は浦役とし、海浜に課された年貢に換算されている。また五石六斗六升については、「反別とても御座無く候」との理由で、つまりまとまった田地がなかったために、結局田畑に対応する年貢は掛けられなかったとする。一方で、いわゆる小物成として、水主米二十二石余りが課され、さらに「目立」という名目で九升一合が加えられている。目立はこぼれ米ともいい、一種の付加税と見てよい。また、浦役銀として五六〇目（匁）がかけられ、三回にわたって分納されていたことが分かる。他方で、ここには島の資産である船の数が明示されているが、七〇艘のうち、六六艘が「ちょろ舟」でこれは最も小型の船を意味するのだろう。「とっ而い船」は別に「とっぺ船」と表現されることもあるが、これはちょろ船より大型のものをいうのだろう。また小船としてあげられる

図５　文化財収蔵庫

船のうち、「弐かいなる船」は、おそらく櫂《かい》を二つ備えた船のことで、ちょろ船より大型のものと考えられる。さらに「魚商船《あきないぶね》」は、水揚げされた魚を周辺の市場に運行される船で、漁業に使われるよりも積載量の大きな船であることは間違いない。この「あきない船」は、島の船の中でもっとも大型の船舶であったと想定される。

このように、この指出帳には多くの情報が詰め込まれているが、ただし、厳密に史料の性格を調べてみると、『潮騒の島』で紹介されている「元禄四年指出帳」はその典拠が明示されておらず、この点でやや注意しておかなければならない。実は、後に紹介する「永代神嶋指出覚控」にも「元禄四年指出帳」が収録されているが、ここに挙げられた字句と違う箇所があって、内容が一致しない。とくに一行目「八城大明神森」から八行目「小宮四ヶ所」までは「指出帳控」にも存在せず、確実な典拠は不明である。

ところが、これと同じ文言が、収蔵庫保存文書のうち、寛政二年（一七九〇）「萬覚控《よろずおぼえひかえ》」と題された冊子の中に収められた「乍恐口上之覚」の中に見える。『潮騒の島』で紹介された指出帳は、あるいはこれと混同しているのかもしれない。これに対して、九行目「一、高拾石六斗六升」から末尾の「郡御奉行様」までの内容は、「指出帳控」とほぼ一致している。ただし、「指出帳控」には、末尾の庄屋・肝煎の署名がなく、これも別の記録が典拠となっているらしい。同じ署名のある文書は、やはり寛政二年「萬覚控」の中に「志州《ししゅう》答志郡《とうしぐん》神嶋村指出帳」（元禄四年）が収録されており、末尾の署名などは完全にこれと一致している。『潮騒の島』で紹介された「元禄四年指出帳」は、記載自体には間違いはないものの、「神島永代指出覚控」と「萬覚控」が合体してできあがったものと推測される。

さて、もう一つの文書として紹介されているのは、これから三〇年ほど後に記された享保一一年（一七二六）の指出帳である。『潮騒の島』ではこれを「志摩国各村指出帳之写」によれば、として次のように記載している。

　　　　　　　　　　　　答志郡神島村
一、高拾石六斗六升
　　　是ハ前々より反別とても無御座候
　内
五石　浦役高前々より引
高（五脱カ）石六斗六升　前々より年貢なし
一、米弐拾弐石七斗壱升四合　水主米
一、鮑　但六寸之見（貝カ）　壱盃《いっぱい》ニ付代銀　一匁

五寸之見　　　　　　壱盃ニ付代銀　八分
四寸之見　　　　　　壱盃ニ付代銀　六分
一、御献上鯛　但　長壱尺四五寸壱枚ニ付銀弐匁づつ
　　　　　　　　　長壱尺弐寸壱枚ニ付銀壱匁二分づつ
一、小船七拾艘　内　四艘　　とっぺ船
　　　　　　　　　　六十六艘　ちょろ船

一読して明らかなように、石高は「元禄四年指出帳」と同じで、耕地に対する年貢がないことや小物成として課された水主米の額も変わっていない。また、蚫（あわび）や鯛の献上の義務のあったことも元禄四年度と同じで、さらに、島内にあった船数が明記されていることも同様である。両者の間では「小船」の記載に違いはあるものの、七十艘という数量自体も変わっていない。これらの指出帳は藩に納める租税台帳となったものであろうが、同時に、神島の資産目録の如き性格をもっていたことがうかがえる。

このように、『潮騒の島』ではこの二通を通じて江戸時代の貢租関係が紹介されている。この点に関しては、『日本歴史地名大系　三重県』（平凡社）の「神島村」の項目でも、享保一一年の「村指出帳」（ただし徳川林政史研究所所蔵）を典拠として、それをもとに基本的に同様の説明がなされている。鳥羽市史編さん室『鳥羽市史』上巻（一九九一年）もこれと同じく、徳川林政史研究所所蔵文書を典拠として、この指出帳を掲出する。これらの指出帳は、近世の神島を考える基本史料とされてき

たものであるが、逆にいえば、これ以前の史料はほとんど言及されていないのが現状となっているのである。

では、神島の文化財収蔵庫には、どのような古文書があるのだろうか。まず、この指出帳に関しては、「永代神嶋村指出覚控」（以下、「指出帳控」と略記する）と題された一冊の古文書がある。これはその名前の通り、江戸時代の神島村で作成された指出帳の控えをまとめた冊子であって、先にあげた享保一一年の指出帳もこの中に含まれているが、この冊子によると、指出帳の記録は元禄四年をさかのぼり、もっとも古い記録としては文禄四年（一五九五）のものが残っている。

神嶋村覚控

一、高　拾石六斗六升　神嶋村山海　畑《はたけ》ケ少々

内五石　浦役　前ゝゟ引

五石六斗六升　前ゝゟ無年貢

一、米弐拾弐石七斗壱升四合　水主米

是ハ九鬼大隅守様御代、人夫多ク被ニ召遣一、百姓共迷惑仕候ニ付、水主米と申候而、人夫遣御赦免被レ成被レ下候と申伝候。其後、本役・半役・三分一役・二分役・一分役迄、家相応ニ御掛被レ成、年ゝ多少御座候。以上。

文禄四年未五月日

九鬼大隅守様御代

右にあげたのが、文禄四年の指出帳の記載で、これによれば、一〇石六斗六升の石高はすでに、この文禄四年の時点で決定されていたことがわかる。また、「神嶋村山海、畑《はた》ケ少々」との記述には、神島が山地と海浜からなり、畑が少し開墾されているだけで、まとまった土地を確保していなかったことが示されている。「反別とても御座無し」という記載は、耕地の規模が何町何反と表示できないほど少なかったことを反映しているのである。神島では現在でも山の斜面を切り開き、そこに小さな畑を作って雑穀や野菜を栽培しているが、その様子はおそらく、江戸時代初頭とさほど変わらなかったと想像されるのである（なお、後述の明治初年地引絵図にも、小規模な田畑が多数描かれている）。

また、水主米《かこまい》の額もすでに元禄四年、享保一一年の指出帳と同じであるが、ここにはそこに至る詳細な事情が説明されていて興味深い。すなわち、当初神島では、人夫役が課され百姓が苦しんでいたが、鳥羽藩主九鬼大隅守（嘉隆）の時代にそれが改められ、水主米という形で米納されるようになったというのである。そして島内では、本役、半役などの形で、家ごとにそれを負担することになったとしている。

「指出帳控」には、これをはじめとして、以後、寛永一二年（一六三五）、延宝九年（一六八一）のものが掲載されているが、この年次は鳥羽藩の藩主が交替する時期と対応しており、指出帳はそのたびに作成されていたとみて間違いない。先に紹介した元禄四年指出帳は、同年二月に藩主となった和泉守松平乗邑《のりむら》の時期に、宝永七年（一七一〇）、享保二年の指出帳は、それぞれ、板倉重治《しげはる》、松平光慈《みつしげ》の入部の時期に当たっている。「指出帳控」にある最後の指出帳は、前掲享保一一年（一七二六）

表1　神嶋村指出帳の作成年次

永代指出帳控	鳥羽藩主
文禄四年未五月日（1595）	九鬼嘉隆（大隅守）～慶長2（1597）
	九鬼守隆（長門守）慶長2～寛永9（1597～1632）
	九鬼久隆（大和守）寛永9～寛永10（1632～33）
寛永十二年　内藤志摩守様御代	内藤忠重（伊勢守・志摩守）寛永10～承応2（1633～53）
	内藤忠政（飛騨守）承応2～延宝1（1653～73）
	内藤忠次（志摩守）延宝1（1673）
	内藤忠勝（和泉守）延宝1～延宝8（1673～80）
延宝九年酉ノ六月日　土井周防守様御代	土井利益（周防守）天和1～元禄四年（1681～1691）
元禄四年未　松平和泉守様御代	松平乗邑（和泉守）元禄4～宝永7）（1691～1710）
宝永七年　板倉近江守様御代	板倉重治（近江守）宝永7～享保2（1710～1717）
享保二年　松平源四郎丹波守様	松平光慈（丹波守）享保2～同10（1717～1725）
享保十一年辰ノ四月日　稲垣摂津守様御代	稲垣昭賢（摂津守）享保10～宝暦3（1725～53）

のものであるが、これは、前年に摂津守稲垣昭賢《あきかた》が入部したことと対応しているものとみられる。鳥羽藩ではこれ以後幕末まで稲垣氏が藩主を務めたが、そのために、これ以後特に指出帳は作成されなかったと考えられるのである。（表1参照）

さて、この「指出帳控」は、全体が同じ筆跡で記されており、享保十一年以降のある時期に、島に残されていた指出帳を筆写したものと判断される。そのためか、年によっては、提出した旨を記すだけの箇所がある。

・寛永十二年　内藤志摩守様御代三万五千石

右之通指出帳上《たてまつ》ル

・宝永七年　板倉近江様御代五万石

右之通指出帳上ル

・享保二年　松平源四郎様御代六万石

右之通指出帳上ル

とあるのがその例で、これらの年については、指出帳の控えが残っていなかったか、あるいは前回の指出帳の記載を踏襲したため、あえて本文を記さなかった結果とみられる。しかし一方で、詳細な記録が残っている年次もあって、これらのものは、それ以前の指出帳にない、新たな項目が加わった場合が多い。その実例として、三度目の指出帳にあたる延宝九年（一六八一）度の記載を紹介しておきたい。

志州答志郡神嶋村指出帳

一、高　拾石六斗六升　是ハ前〻ゟ反別とても無二御座一候

内五石　浦役高　前〻ゟ引

五石六斗六升　前〻ゟ年貢なし

一、米弐拾弐石七斗壱升四合　　水主米

是ハ九鬼大隅守様御代、人夫多ク被召遣、百姓共迷惑仕候ニ付、水主米と申候而、人夫遣イ御赦免被下被下（マヽ）候と申伝候。其後、本役・半役・三分一役・二分役・一分役迄、家相応ニ御掛ケ被成、年ゝ多少御座候処ニ、内藤飛驒守様御代弐拾三年以前酉年ゟ定成ニ被仰付、只今迄右之通ニ御座候御事。

一、米九升壱合惣米　壱石ニ付四合宛

一、銀　五百六十目　浦役

二百四十目　七月納

内　百四十目　十月納

百六十目　極月《ごくげつ》納

是ハ内藤飛驒守様御代、定成《じょうなり》ニ被仰付、年ゝ磯濱諸漁海藻等、百姓共自由ニ仕候。

一、米納申儀者、先御代ゟ金納ニ而差上申候。但シ御直段之義者年ゝ御手代殿御極メ、被仰付候次第ニ上納仕候御事。

延宝九年酉六月日　七万石

土井周防守様御代

ここに見られるように、神島村では石高は決まっていても、それに対応する年貢がない。このことは文禄四年の指出帳と同じであり、また、水主米の額も変わっていない。しかしその中身を見ると、「九鬼大隅守様御代」には年によって額に変更があったのに対し、内藤飛驒守の時代に「定成《じょうなり》」として、恒常的な租税に変化したことがわかる。文中には「弐拾三年以前酉年」とあるが、これは延宝九年から数えて二三年前の明暦三年（一六五七）（干支《えと》は丁酉《ひのととり》）を指す。一七世紀半ばのこの時に、税目の再編があったのである。

また、浦役銀五六〇目の額が定まったのも内藤飛騨守の時期であった。これは、七月、一〇月、一二月の三回に分けて上納するものとされた。これによって「年々磯濱諸漁海藻等、百姓共自由ニ仕候」とあるように、地先漁業の自由が保障されたとはいえ、それまでにない大きな負担となった。

さらに、「目立」の税目が登場するのも、延宝九年の指出帳を初見とする。これは「一石に付き四合ずつ」とあるように、一千分の四の米を付加した税目と考えられ、神島村の場合、水主米二二石七斗三升四合に対し、その〇・四％にあたる約九升一合がこれに当てられたのである。もっとも、最後の項目に明記されているように、神島村では米がほとんど収穫されなかったためかすべて金納とされており、その価格は、藩の決定に従うものとされている。

鳥羽藩では、志摩守内藤忠重が藩主であった時代、鳥羽城修築のために重税を課したといわれるが、飛騨守忠政はその次の藩主にあたる。こうした重税化の動きが、この時期に神島村に及んだのであろう。

さて、「指出帳控」のうち、先にも紹介した元禄四年指出帳は、それ以前に比べて分量も多く、豊富な内容を含んでいる。その主要な項目をまず三つ紹介することとする。

一、燈明堂《とうみょうどう》壱ヶ所　七尺四方

但シ番人之義者、当村中より弐人宛《ずつ》相勤申候。則御扶持《ふち》方弐人扶持《ににんぶち》被レ下候。扶持米之義者當暮ニ罷成、御勘定之節、御年貢ニ差引仕申候。燈明油之義者、三月ゟ八月迄一夜ニ四合五勺五才、九月ゟ二月迄一夜ニ五合八勺六才之積リニ、毎月御城様ゟ請取申候。

一、當村御高札場《こうさつば》并覆垣《おおいがき》等、前ゝゟ村ニ而仕候御事。

一、御役人中様郷中江御出被レ遊候節ハ、扶人足出シ賄共ニ相勤申候。但シ一片ケニ上下ニ不レ寄、御一人ニ付米五合宛、御手形ニ而被レ下候。

　このうち、最後の項目は、鳥羽藩の役人が郷中見回りを行う際に島から人夫を出すことを定めたものであるが、残る二つは神島の施設に関する項目である。一つは、神島に「燈明堂」が設けられたことで、おそらくは元禄四年の直前に新たに設置されたものと推測される。後に紹介する絵図にも記載があるように、これは島の最高点にあたる灯明《とうめ》山の頂上に設けられ、七尺（約二・一メートル）四方の規模であったことが記されている。その管理には村から二人ずつが出て担当し、二人扶持の給与が鳥羽藩から与えられることになった。そして、毎年暮れの租税納入の時期に、相殺するかたちで扶持米が給付されたとある。また燃料となる油も毎月鳥羽藩から支給されることになっており、三月から八月までは一晩で四合五勺余りが、九月から二月までは同じく五合八勺余りが支給された。夜の長い冬季の方が、多くの油を必要としたのである。

　もう一つは、高札場の記載が見えることで、これも後世の絵図にその場所が明示されている。それによれば、高札場は浜から山に向かう島の中心的な道沿いに設けられ、浜からわずかに山寄りに入った場所にあった。また、「覆垣」という言葉からすると、高札場には雨を避けるような屋根が掛けられていたことがうかがえるが、後に紹介する嘉永二年村絵図にも、そうした高札場の姿が描かれている。

さて、海上交通のための燈明堂が設置されたのは、前回の指出帳が作成された延宝九年（一六八一）から元禄四年（一六九一）の間と考えられるが、この地域にあっては、この頃海上交通の大きな変化が訪れていた。それは、幕府の命を受けた河村瑞賢が西廻り海運を整備したことである。伊勢度会郡に生まれた瑞賢は、江戸に出て土建業を営み莫大な富を得たが、寛文一二年（一六七二）、日本海酒田から米を江戸に廻送するため、佐渡の小木、石見の温泉津をはじめ、下関、大坂、紀伊大島、伊勢方座《ほうざ》、志摩畔乗《あのり》（安乗）、伊豆下田などに寄港地を定め、また入港税を免除するなどして、瀬戸内海から遠州灘を通って江戸に着く航海路を確立したのである。この間、寛文年間には、神島のすぐ西に位置する菅島白崎山の中腹に烽火を設け、舟運の安全を確保している（古田良一『河村瑞賢』吉川弘文館、一九六四年）。神島に燈明堂が設けられたのも、おそらくこうした海運航路整備の一環であった。

このような動きがあったためか、元禄四年指出帳には、活発な海上交通を示唆する項目が新たに加わっている。

一、土井周防守様御代、御役人様飛脚并御状、鳥羽ゟ伊良胡村迄、又者伊良胡村より鳥羽迄、渡海船《とかいぶね》出し候節ハ、壱渡しニ水主扶持四升弐合宛嶋次《しまつぎ》ニ而、村〻へ被レ下候。御勘定ニ者四升ニ相立申候。尤《もっとも》村次之御證文無二御座一候御方ニ者、船出し不レ申候御事。

一、神島村之儀者、右渡海船両方江相勤申候ニ付、四升弐合割合之外、壱渡しニ四升弐合宛、御勘定ニ者四升ニ相立申候御事。

前者は、鳥羽藩の飛脚や書状を伊良湖まで伝送する際に、船を出した水主に四升二合の扶持米を支給するよう定めたものである。「嶋次《しまつぎ》」「村次《むらつぎ》」とあることから判断すれば、これらは答志島（村）や菅島（村）、神島などを中継しながら、最終的に伊良湖岬まで到達したと判断される。

一方、後者では神島だけの特別な扱いを述べている。「両方江相勤申候ニ付」という箇所の意味が今ひとつ判然としないが、伊良湖岬に船を出す神島村の場合には、伊良湖岬と菅島ないし答志島双方の運送を負担するためであろうか、二倍の扶持米を支給したようである。さらに、一回の渡航で四升二合ずつが支給されるのに「御勘定ニ者四升ニ相立申候」とあることも、やや難解である。あるいはこれは「延米《のべまい》」の制の一種で、四升二合の支給が約束されながら、実際の支払い（勘定）にあたっては二合を減じて四升だけを与えたことをいうのであろうか。

以上が、元禄四年指出帳に見える海上交通関係の規定であるが、これらが鳥羽藩内部の運送に関わる事項であるのに対し、次の享保一一年（一七二六）指出帳には、廻船すなわち外洋を航海する船の取り扱いに関する規定が登場している（指出帳控）。

一、諸廻船破船仕候節ハ、早速庄屋肝煎人足罷出《まかりいだし》、荷物船具等取揚番人付置《つけおき》、船頭水主方ゟ口上書為レ致二鳥羽御役所様江一、御注進申上候。船頭方ゟも国元荷主方江、飛脚遣し申候。荷主参《まいり》次第ニ庄屋肝煎荷主船頭立会《たちあい》、荷物船具相改、御定之通沈荷物拾分一、浮荷物二拾分一請取、船頭荷主水主方ゟ、一札取置浦手形出し申候御事。

一つは廻船の難破における措置で、難破船が発見された場合には村の庄屋・肝煎が人足を集め、その船荷などを確保することが定められている。その上で、船頭から口上書を鳥羽の役所に送らせ、また国元の荷主にも連絡をして、庄屋・肝煎等とともに積み荷の確認をしたのである。その場合には特別な慣行があったようで、海上に浮かんだ「浮荷物」は十分の一が、「沈荷物」の場合は二〇分の一が救助した島の取り分となり、それを証明する手形が出されたようである。

一、荷捨船《にすてぶね》参候節ハ、船頭水主相改申候ニ付、早速見分仕、残荷物《のこりにもつ》江符印付、船頭水主ニ預ケ置、鳥羽御役所様江御注進申上候。船頭方ゟも国元荷主方江飛脚御遣し申候。荷主《にぬし》参次第ニ庄屋肝煎荷主立会、符印切相改申候而、其上荷主船頭水主方ゟ、一札取置浦手形《うらてがた》出し申候。

一方、こちらの項目は「荷捨船」に関する規定である。これはおそらく、難破・破船を免れるために積み荷を海中に投棄した船のことで、こうした船を発見した際には、島から人を出して船頭・水主を取り調べ、残った荷物に「符印」（封印のことか）を付けた上で船頭等に荷物を預ける手続きを取った。また、すぐさま鳥羽の役所に報告するとともに、国元の荷主にも通達を出したのである。そして、荷主が到着し次第、庄屋・肝煎等が立ち会って封印を解き、荷主に荷物を戻すことにしたのであろう。さらに、「浦手形」が船頭らから島の役人に出されていることからすると、島に一定の謝礼が支払われていたことも推測される。

このような規定は、残った船荷を保全して荷主の利益を確保するとともに、船頭等の海賊行為を防止することになったに違いない。難破船の救援や荷捨船の管理は、結果として、海運事業の安全と安定を保証することになったのである。

さて、こうした廻船の安全に関する規定が一八世紀前半の享保一一年に登場していることは、当時この地域における海上交通がいっそう活発になったことの反映でもあった。志摩半島と伊豆下田を結びさらに江戸に向かった航路上に位置したこの地域は、現在からは想像できないが、日本列島の海上航路の要衝に位置していたのである。海上交通が物資輸送の中心であったこの時代は、神島やその周辺の島々がもっとも注目を集めた時期であったのかもしれない。

さて、先にも述べたように、神島村の指出帳が作成されたのは、享保一一年（一七二六）が最後であったが、では、これ以降、村の貢納はどのようになったのだろうか。最後にこの点を収蔵庫に所蔵された文書の中で確認しておくことにしたい。次にあげるのは「嘉永二年皆済ニ関スル定書」と題された文書で、嘉永二年（一八四九）一〇月、鳥羽藩から神島村に対して一二月二〇日までに年貢を上納するよう命じたものである（文化財収蔵庫）。一般に近世の村々では、年貢等を納入すると、「年貢皆済目録」と称される文書がその証明として庄屋などに交付されたが、この場合は、貢納に先立ち、一〇月に貢納を定めた文書である。

（表紙）「嘉永二年皆済ニ関スル定書」

酉年定之事
一、高拾石六斗六升　答志郡神嶋村
五石　浦役引
五石六斗六升　前〻ゟ無年貢
外
一、弐拾弐石七斗壱升四合　水主米
外　米八斗　庄屋弐人給分引
但高弐石四つ取ニして
一、米九升壱合、右目立、石四合宛
一、銀五百六拾目　浦役
納合　米　弐拾弐石八斗五合㊞
銀　五百六拾目㊞
右之通庄屋惣百姓、不残立会全勘定。極月廿日限、急度可二皆済一者也。
嘉永二酉年十月
郡左衛門㊞
十郎左衛門㊞
呉兵衛㊞
叟大夫㊞

九郎兵衛㊞
唯右衛門㊞
静　衛㊞
頼　母㊞

この内容を見ると、石高一〇石六斗六升の額は文禄四年以来一貫して変わっておらず、水主米、浦役銀、目立の額も延宝九年指出帳と同一である。また「庄屋弐人給分引」として八斗が計上されているが、これは「高弐石四つ取ニして」とあるように、給分二石のうち四割にあたる八斗だけが支給されたことを伝えている。このような減額措置もあったが、幕末のこの時期にあっても、一七世紀後半に確立していた税制に大きな変化はなかったのである。

ところで、この文書が作成されたのとほぼ同じ時期に一枚の村絵図が作られている。これは収蔵庫に保存されている絵図の中ではもっとも古いもので、正面に神島の集落と高札場を描き、その背後の高い山の頂上には燈明堂が描かれているが、現在の地形から判断して、島の北西から南東を見た絵図で、裏面に次の記載があり、その成立の経緯が示されている。

庄屋　三郎治
〻　又左衛門
肝煎　長十郎
嘉永二年酉十一月上納写

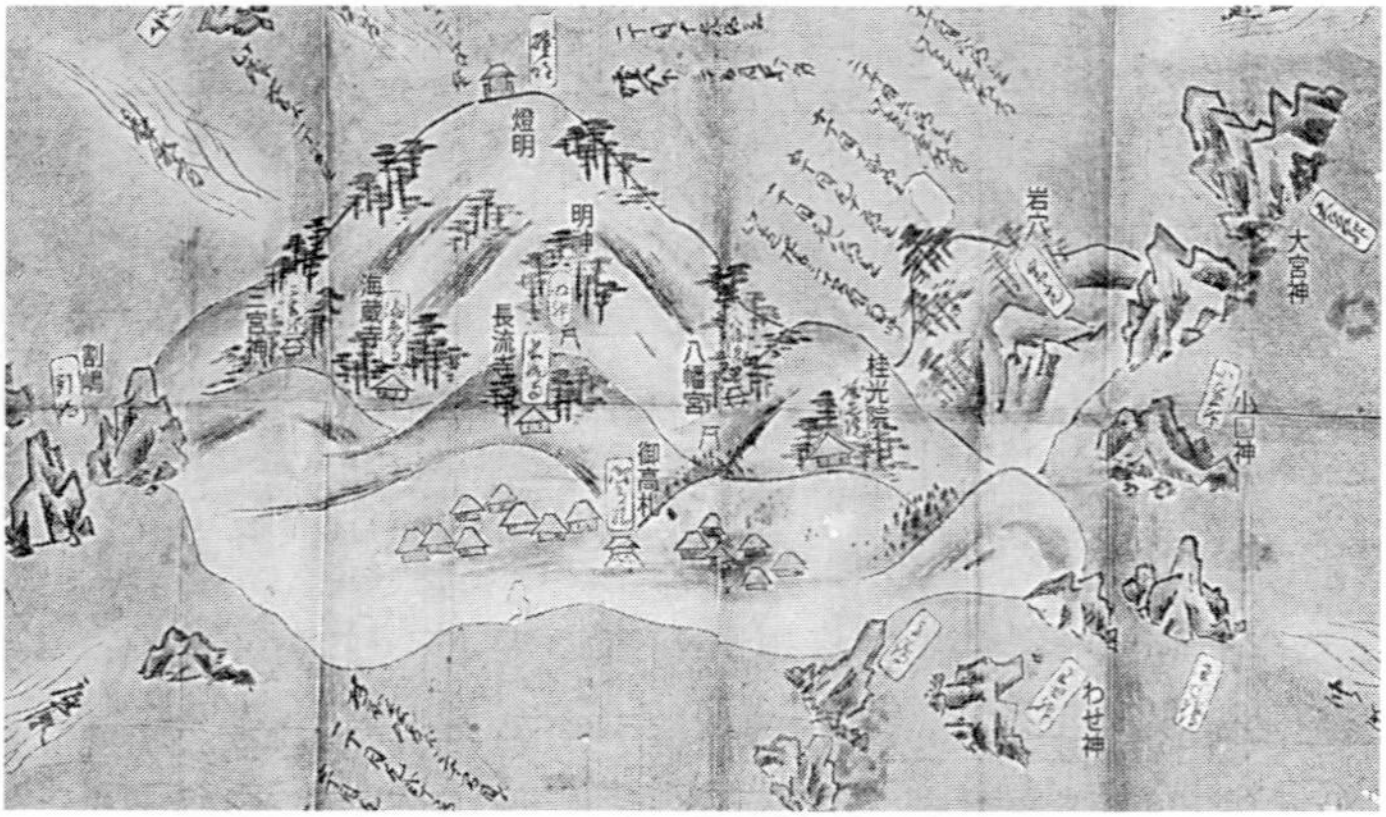

図６　嘉永二年村絵図（部分）（釈文を挿入）

すなわち、絵図は庄屋二名、肝煎一名の責任で嘉永二年一一月に作成され、鳥羽藩に上納された写しであるというのである。文字がやや雑な印象を与えるのは、あるいはそのためであろうか。

さて、この絵図には、屋根の付いた高札場が絵図の一番目立つ位置、浜の中央に描かれ、その右側（西）に六棟、左側（東）に八棟の家屋が表現されている。実際にはこれ以上の家が存在したであろうが、住宅が高札場を中心とした平坦地に集中していたことがよく表現されている。また、この村絵図には高札場そのものが描かれているが、そこには石垣のような低い土台が作られ、高札を掛けた施設は屋根で覆われている。「元禄四年指出帳」に記されていた「覆垣」とはこのような「覆」（屋根）と「垣」を指したものなのだろう。「文化財収蔵庫」には、ここに掛けられていた明治期の高札（太政官札）の実物が数点残されている。

高札場の上方（南）には鳥居と「明神」と書かれた神

社が描かれているが、これが現在の八代神社に相当することは間違いがない。絵図にはこのほか、八幡宮、三宮神という神社も記録されているが、これらは現在その痕跡を残しておらず、明確な場所を確定することは難しい。

ところで、「元禄四年指出帳」には、江戸時代の神島に、桂光院、長流寺、海蔵寺という三つの寺、「八城大明神」「八幡宮」「弁済天」の三つの神社、そのほか「小宮四ヶ所」があったと書かれていた。神島には現在、神社としては八代神社一社が、寺としては桂光院だけが存在しており、それ以外の痕跡を確認することは難しい。しかし、この嘉永二年の絵図によれば、長流寺や海蔵寺の存在が明確に示されており、当時の神島の実態を知る手がかりになる。この二つの寺については、八代神社の宮司を務めていた小久保彦氏が「神島由来記」という文章を残していて、次のような経緯があったとされる。すなわち、明治初年まで存在した桂光院・長流寺・海蔵寺の三つの寺については、明治一〇年（一八七七）に海蔵寺と長流寺を合寺して長流寺を廃止し、海蔵寺として長流寺の建物に移っていった。そして、明治二一、二年になると、海蔵寺を廃寺として桂光院に合寺したと伝えられているのである。かくして神島では桂光院が唯一の寺として残ったが、かつて海蔵寺が新しく移った場所は、現在平坦な空き地として残され、その一隅に文化財収蔵庫が建てられることになった。戦後には広場のようになったこの場所に芝居小屋が建てられ、田舎芝居が催されることもあったという（倉田正邦「神島の覚書」『郷土志摩』四四号、一九七三年）。

一方で、神社についても、江戸時代以来の三つの神社のうち、八幡宮が八代神社にほど近い西側の山の斜面に位置することが明らかとなっている。この場所は、以前神島小学校が設けられていた場所、現在の神島保育園やグランドの場所にあたるものと考えられる。他方で、嘉永二年村絵図では海蔵寺の左手に「三宮神」という神社が描かれているが、この神社は現在全く確認することができず、地元の方に話をうかがっても、その知見は伝わっていないようである。

嘉永二年村絵図には、このほかにも、「神」の名前が付いた「島」がいくつか見られる。絵図の右手から、大宮神、小宮神、わせ神などの名が書かれているが、これらは今日の地形と比較すると小さな岩礁と表現すべきもので、おそらくは、海上安全を祈る祭場となったところである。萩原秀三郎・萩原法子『神島』（井場書店、一九七三年）には、毎年六月一一日に行われているゴクアゲの祭について、その様子を次のように説明している。すなわち、祭りは当日早朝、海上安全を祈って幣立てを行なうのであるが、最初東のアレガミ島、つぎにキヤ島、最後にコヘロガミ島に法印が幣を立てて心

図7　明神・長流寺

図8　御高札

図9　海蔵寺

経を唱える、というのである。それに対し、『潮騒の島』では三つの島を「ワレガミエビスジマ」「キワジマ」「コイロガミジマ」と表記していて若干の相違がある。口頭の言葉を文字化する時に生じた不一致だろうが、『神島』には岩の上に御幣を立てた祭場の写真も掲載されている。元禄四年の指出帳に書かれた「小宮四ヶ所」には、あるいはこのような岩礁も含まれたのだろうか。こうした名称は国土地理院の地形図では確認できず、現地でしか使われない地名である可能性が高いが、この村絵図は、現在消滅したと思われる地名を伝える点においても貴重であるといえる。

さて、最後に、これまで言及できなかった古文書を二点だけ紹介しておきたい。

一つは嘉永二年村絵図の裏面に署名していた「庄屋　三郎治」に関係する文書で、この人物は後の小久保三郎治家の先祖にあたる人物である。三郎治家は江戸時代から代々庄屋を務め、また明治に入っても村長を務めるなど村の名士として活動したが、当家の方に話をうかがうと、同家では代々当主が「三郎治」を名乗り、その地位を継承したものとされる。二〇一〇年に筆者が同家を訪問した際には、ご主人である三郎治氏やその奥様、そしてご子息からいろいろなお話しをうかがうことができたが、その時期は雑貨店を開くとともに、特定郵便局である神島郵便局の運営にも関わっていたという。おそらくある時期まで、小久保家の当主は郵便局長の任にあったのだろうが、同家にはいくつかの絵図や古文書が残されており、その中の一つに次の古文書が含まれていた。

一、高拾石六斗六升　　志摩国答志郡神嶋村

一、燈明堂一ヶ所　但シ七尺四方
一、惣《すべて》家数壱百拾五軒
一、寺三ヶ寺　禅宗　海蔵寺
同　長流寺
同　桂光院
一、惣人数合五百九人　内　男　弐百四拾四人
女　弐百六□□《(拾五カ)》人
一、船数□拾艘内　弐かい漁船　三十艘餘
ちよろ船　四十艘餘
一、村内　立　七十間余　横　弐十五間余
一、村山惣四方廻り　壱里四方と申伝候

この文書は年次が書かれていないが、寺の詳細や船の数などとともに、人口が明示されている点が貴重である。先に紹介したように、山崎英二編著「志摩国近世漁村資料集　浜島町を中心として」(『三重県郷土資料叢書』第六集、一九六七年)では、延享二年(一六三七)「鳥羽領内村々禄高調」を典拠として「人口五九三人、戸数一三七」という数字が紹介されている。それに対しここでは人口五〇九人とし、男二四四人、女二六五人の数字があげられている。延享年間より人数が少ないことからすると、あるいはそれより古い統計かもしれないが、これらを見ると、近世の神島の人口は五〇〇

人から六〇〇人程度で推移したことが推測されるのである。なお、最後から二行目の「村内　立《たて》七十間余り（約一二六メートル）、横十五間余り（約二七メートル）」とする記述は、神島の集落がきわめて狭い範囲にまとまって立地していた様子を示していて興味深い。

　さて、「文化財収蔵庫」に残る古文書として、もう一つ、八代神社に関係する古文書を紹介しておきたい。「指出帳」に「明神」「八城大明神」と書かれた神社であるが、今日、島の唯一の神社は八代神社と呼称され、それを明神と呼ぶことはないようで、少なくとも現在の地図では、八代神社の名称で統一されている。しかし、「文化財収蔵庫」には八代神社の造営過程を記録した二冊の文書が残されており、そこでも「明神」という名称が使われている。そのうちの一つは天明四年（一七八四）「大明神造宮控帳」、もう一つはその六〇年後に作成された天保一五年（一八四四）「大明神造宮控帳」である。このうち後者では、表紙に帳簿の作成と造営の責任者である「宿本　徳三郎」の名前が記され、以下、造営・施行の進捗状況が記されている。それによれば、三月十一日に「斧立（よきたて）」、五月十一日に「御棟上」、「御つち打」と進み、五月十五日に「御神入《かみいり》」の儀が執り行われている。斧立《よきたて》はおそらく斧立て祝いのことで、建築資材となる木材を伐採する儀式のことである。八代神社では周辺の樹木を伐採することで、その料材を確保したのである。この斧立てを手はじめに木材の加工がはじまり、建築工事が完了して上棟式を行った後、五月十五日に神入（かみいり）すなわち神を社殿に迎え入れる儀式が行われたのである。また、末尾には庄屋として「三郎治」「又左衛門」の署名があって、造営が南村・中村・東村の管轄ではなく、神島村全体で実施されたことが示されている。この二人の庄屋は、嘉永二年村絵図の署名者と同一であるが、前述したように、三郎治は後の小久保三郎治家の祖先を指す。またもう一人の「又左衛門」は明治以降「小久保又左衛門」を名乗り、やはり代々島の名家となった当主である。

天保一五年の古文書が以上のような内容をもつのに対し、前者の天明四年の例でも行事はほぼ同じ日程で進行した。三月十一日に「よき立」、四月中に、「地祭」・「垣立」・「御棟上」・「御垣打」と順次進行して、五月十五日に「神入」が行われている。地鎮祭が行われた後、本殿が造営されるとともに、その周囲に瑞垣が作られていったことを伝えている。三月の着工から五月の竣工までおよそ二ヶ月の時間をかけて造営が行われたのである。以上が「明神」の造営課程であって、江戸時代にはこの神社は一般に「明神」と呼ばれていたことがこれによって証明される。八代神社の名称が定着するのは、比較的新しい時代のことと推察される。

第2節　漁業と租税体系

神島に伝来する古文書には、これまで紹介した以外にも多数のものが存在するが、そのほとんどはこれまで活字化されていない。先にも述べたように、古文書は元来八代神社に伝来したものであるが、なぜこうした古文書が八代神社に伝わったのか、その理由ははっきりしない。ただ、村で書かれた文書がある時期に神社に奉納され、それがそのまま保管されていたということはある程度想像できる。神社がそのまま村政に関与したのでなく、村で作成された文書が、なにかのきっかけで神社に奉納されたというのが真相に近いのではないだろうか。そういう観点からすれば、八代神社に残された古文書は、偶然に伝来したものと見られるのである。

さて、前節では村落支配や鳥羽藩の藩政に関わる古文書に注目したが、ここでは、島の内部の村政に関わる文書を紹介することとしたい。そしてその一例として、二通の租税関係文書を取りあげることとする。いずれも「口前《くちまえ》」と称される租税の額を書き上げた文書であるが、一つはA文化六年（一八〇九）に書かれたもの、もう一つはB嘉永五年（一八五二）に書かれたもので、これらは約四〇年の時間を隔ててほぼ同じ形式で書かれている。文書名を付けるとすれば、「文化六年口前」「嘉永五年口前」と表現することができようか。以下では、両者を区別するためにA・Bの記号を付けることとするが、これは島の東村、中村、南村の「宿本」が島の庄屋・肝煎に提出した文書で、最初に租税額の概要が記されている。その文書の冒頭の箇所は次のように書かれている。

A文化六年

口前三ヶ村村定之事

一、金子八拾七両壱分、銭五百文、御上納口前也、

一、同壱両氏神様

午ノ正月ゟ申ノ極月迄三ヶ年之内、右三ヶ村江、買請申候處、実正ニ御座候、但シ定之儀ハ（脱文アルカ）

Ｂ嘉永五年
口前三ヶ村定之事
一、金九拾八両壱分ト銭五百文、
一、同拾両、仕添御上納口前也、
一、同壱両氏神様　外壱分添、
一、同弐両弐分、庄屋給
一、同六拾三両、五分七分
同五両、仕添、
右之通、丑正月朔日ゟ卯極月迄、三ヶ村右買請申候處、実正ニ御座候。但シ定之儀者三ヶ年之間也、

ここに書かれたように、東・中・南の三つの村では、口前と呼ばれる金額が庄屋・肝煎に上納された。ただし、Ａ「午《うま》ノ正月より申《さる》ノ極月迄三ヶ年之内」とあるように、向こう三年間の合計を列挙した額である。ちなみにこの場合には午の年が文化七年庚午（一八一〇）、申の年は文化九年壬申（一八一二）に、それぞれ相当する。いわば将来にわたって貢納すべき税額をあらかじめここで明示しているのである。このことに関連して、「右三ヶ村江買請申候処、実正ニ御座候」とあるように、そうした契約に類する関係を「買い請け」と表現していることも注目される。神島においては漁業を請け負い、その対価として「口前」を支払うという関係が成り立っていたからである。これは漁業権を買

い取る近代の契約とも類似しており、それによって漁業の正当性が保証されるという理屈なのだろう。

ところで、その税額であるがA文化六年では三年間で八九両余り、それに氏神と呼ばれた八代神社への貢納分一両が加わるのに対し、B嘉永五年には基本となる金額は九八両余りと一割ほど増加している。これだけを見ると、二つの税額はさほど大きな違いはなく、物価の上昇分が組み込まれただけのように解釈されるかもしれない。しかし、Bではこれに「仕添《つかえぞえ》」というかたちでさまざまな増加分が加わり、総額は一七九両余に及んでいる（ただし三年間の税額）。本来鳥羽藩主から支給されるはずの庄屋給分も、この時期には村方からの貢納に計上されているが、この四〇年余りの間で村の負担額は約二倍に増加しており、貢納額は大幅に上昇した。

ちなみに享保一一年（一七二六）の「神島村指出帳」などの歴代の指出帳によると、鳥羽藩支配下の神島村の石高は一〇石六斗六升であったが、そのうち五石を浦役とし、残りの五石六斗六升は「前々より年貢なし」と記されるように、石高に応じた米年貢は課されていなかった。しかし、代わりに「水主米」と呼ばれる米二二石余りが課され、その他にもこぼれ米を意味する目立米九升二合、浦役として銀五六〇目（匁）が指定され、これが実質的な貢納物となっていた。ただ、神島村ではほとんど米が収穫できないため、伊勢の河崎や木曽川河口の桑名にある米相場をもとに金額を算定し、金納することが原則になっていたという。A・B二つの文書でも金納を前提として税額が算定されているが、それはこうした神島村の租税の大枠にしたがったものであった。

こうしたあり方は嘉永二年（一八四九）の「年貢皆済目録」（第二章第1節）でも、

納合　米　弐拾弐石八斗五合

銀　五百六拾目

とあって、藩に納入する税額は幕末の一九世紀になっても基本的に変化していない。先にあげたA・B二つの「口前」は、三つの村が庄屋・肝煎に貢納する金額であり、庄屋・肝煎はそれらを元手として、藩に納めるべき金・銀を用意したのである。

さて、次に口前文書では、課税の詳細が次のように記されている。次にあるのは先にあげた史料に続く文言である。

A文化六年口前

一、春商人壱人ニ付壱匁ツヽ、縄船高壱割、海草壱割、春縄船五月節句迄、所ニ而働也、其内鳥羽賣はへ登り之義は口前江断也、其ゟ思ひ思ひに可レ致者也、五月晦日迄口前也。

一、夏縄船壱艘ニ付頭役金壱分、六月七日はへ込口前也。同はへ出之節茂仕切取也、

一、盆過たび漁之義は、八月十五日迄夏縄通り頭役也、八月十五日ゟ九月晦日迄、頭役金弐分也、

一、十月朔日ゟ口前也、たび漁之節、ぼうけいいわしニ而はへ□節口前也、□□□山□候節口前也、

一、秋商人八月ゟ壱人ニ付弐匁ツゝ、

ここにはさまざまなことが書かれているが、まず「春商人」「秋商人」と書かれた商人について検討しておきたい。商人は神島村の漁獲を取り扱う商売人のことであるが、それが島外の商人か島内のそれであるかは、これらの表現だけで判断することはむつかしい。実際に、島外から仲買人が訪れて漁獲を購入したことも十分に考えられようが、文化財収蔵庫に所蔵されている元禄四年（一六九一）の指出帳には、島で保有される船数を七〇艘とし、そのうち四艘が「とってい船」、六六艘を「ちょろ船」と表記している。さらに同じ文書には、小船八五艘をあげ、うち七九艘が「弐かいなる船」、六艘が「魚商船」であったとしている（前掲）。この記載によれば、神島村では「魚商船」と呼ばれる魚介運搬専用の船を六艘も確保していたのであり、それらを利用して志摩国の鳥羽や、さらには伊勢、三河、尾張の市場などに漁獲を販売しにいったのであろう。したがって、この文書に見える「商人」も島内の住民であったことになる。

こうした状況は近代になってからも変わらなかったようで、商人が市場から遠く離れた離島を訪れることは少なかった。昭和三二年（一九五七）に刊行された「神島調査概報」は、島内の現地調査を実施した詳細な記録であるが（『三重地理学会報』第六号、一九五七年）、それによると、商人と市場の関係が次のように書き留められている。

さて、朝水揚げした漁獲物は漁協で一括して地元神島の6～7人の仲買人に売る。仲買人は午後2、3時頃からそれを自分の船で市場に運び翌朝の「市」にかけることになる。

おそらく近世の神島でもこれと同じことが行われていたのであり、ここでいう仲買人が「商人」として島の漁獲を島外の市場に運び込んだのであろう。そして、春商人は一人一匁、秋商人の場合は一人二匁の税銭を村に支払うことになっていたのである。

ただし、ここに登場する商人が、一般の商家と同じように、利潤を追求する商売人であったかどうかは注意をしなければならない。A・B二つの口前文書には、どちらにも「一、吉田送り駄賃引　壱割也」という書き込みがあって、「吉田」までの荷駄のための費用を必要経費として認め、その上で残りの売上高に対して一割の税銭を課していることを示している。吉田は明治以降豊橋と改名された土地であり、松平家が支配した吉田藩の城下吉田は、東海道の宿場であるとともに三河地方の流通経済の中心地であった。おそらく神島の商人は船で伊良湖まで魚介を運び、そこから渥美半島の長い陸路を荷駄で進んだのだろうが、その経費は商人の負担でなく、島が負担すべきものとして扱われたのである。

一九世紀の田原藩士であった渡辺崋山は、網元である庄屋や肝煎のもった力の大きさを次のように記している（渡辺崋山「参海雑志」小澤耕一・芳賀登監修『渡辺崋山集』第2巻、日本図書センター、一九九九年）。

この島にて三四郎、又左衛門といえるは、網船の主にて元〆《もとじめ》といふものなり。先祖より遠沖に漁することを禁じ、島の長としてたゞ猟《りょう》の売買をなし、尾勢志紀参に往来して諸物を交易せるのミなり。島人もこの二家を尊《たっと》む事、実《まこと》に君臣の如し。

ここには「三四郎」、「又左衛門」の二人が網元として強い影響力を持ち、「島の長としてたゞ猟の売買をなし」とあるように、交易についても網元の管理下で行われていたという。ここに言及された「三四郎」は島の名家である寺田三四郎家に、また「又左衛門」は先にも紹介した小久保又左衛門家に該当しよう。

物資を船で運ぶ商人はそれなりの操船技術を必要とし、また島民から魚介を買い入れるための元手も必要としたはずで、商人はある程度の財産も蓄えていたと推測される。しかしこの記述を参考にすると、口前文書の「商人」は利益を求めて自由に行動する商家とは異なり、網元の支配を前提とし、魚介を市場に運送する職務を課された存在であったように見える。それは三都や近代の商人とはかなり異質の存在だったのではなかろうか。

次に、縄船・夏縄・夏縄船についてであるが、これは一本の延縄に釣り針を多数付けた延縄漁の漁船を意味するらしい。このうち、春・夏・秋などの季節を示す語句があるが、これは旧暦の季節そのものを指すのでなく、文書に従うともう少し厳密な区別があったことがわかる。一つは春縄船と呼ばれるのが「五月節句まで所にて働くなり」「五月晦日まで口前なり」とあるように、五月までを春季として理解していたことが推測されよう。一方で、文書には「秋商人八月より一人につき二匁づつ」とあるので、八月以降が「秋」ということになる。そして、二つの季節にはさまれた六月及び七月が「夏」とされていたと判断できる。もちろんこれは旧暦による表記で、現代の太陽暦に直せば、六月までが春、七・八月が夏、九月以降を秋とするのが島の漁業における季節の認識であった。

なお、近代の神島では、毎年漁をはじめる前に漁民の間でクジを引き、その結果に応じて漁の場所を決定していた。神島では毎年タコの漁期になると、事前に漁民がクジを引いて漁場を決める様子を紹介している（萩原秀三郎・萩原法子『神島』）。ここで春縄船に関して「五月節句まで所にて働くなり」とあるのは、この近代の慣行と同じで、五月五日の端午の節句までは指定された海域・漁場で漁を行い、それ以降は自由に漁をすることが許されたということなのだろう。

ところで、神島ではなぜこのような季節による漁の区別をしたのだろうか。それはおそらく、当時の島の漁業をめぐる自然条件が関連していたものと思われる。先に紹介した「神島調査概報」では、明治一六年（一八八三）の「地誌取調書」の中の次のような一節を紹介しており、江戸時代後期の神島の漁業を理解するうえで参考になる。

……当村ハ毎年二月ヨリ七月マデ近海ニテ営業シ得ルトイエドモ、七月ヨリ九月マデ尾張国知多郡或ハ答志郡坂手村へ船舶シ、鯛島《たいのしま》ニテ漁業ヲナシ、十月ヨリ一月マデハ紀伊熊野ノ沿岸ニ赴《いき》テ漁業ス……

すなわち、二月から七月までは島から船を出して近海で操業することができたのに対し、七月から九月までは神島の北に位置する知多半島や鳥羽港の対岸にあたる坂手島に船を停泊させ、そこを拠点として漁業が実施されたという。漁場となった鯛島（たいのしま）は神島の南側にあった浅瀬の漁場を指す。おそらくこの時期には台風の襲来をはじめとして、太平洋からの強風をまともに受けたために船を神島に停泊させることが困難で、避難のためにこうした周辺の漁港を利用したのだろう。そう

表２　文化年間口前に見える神島漁業

季節	時期	内容
春	正月～５月	春商人、延縄船、海草
夏	６月～７月	延縄漁（夏縄船）
秋	８月～10月	秋商人、たび漁（盆過ぎ）

なると漁船は直接市場に漁獲を水揚げすることが多くなり、神島での漁獲も減少する傾向があったにちがいない。さらに十月以降になると、島の周辺での漁獲が減少するため、わざわざ紀伊半島の熊野・尾鷲などの海域に船を出し、そこで漁業を実施したというのである。

このことを先のＡ文化六年口前にあてはめると、春縄船が出された時期は神島近海での漁獲がもっとも多い時期にあたっていたことになる。また、夏縄船が出された旧暦六月以降には、神島に拠点を置く漁船の数が減少し、水揚げも少なくなっていたことが予想される。そして、旧暦九月以降は熊野での漁業が実施されたことが予想されるが、それを示すのが「たび漁」という言葉である。これは漢字を当てれば旅漁ということになろうか。Ａには具体的な地名は一切登場しないが、Ｂ嘉永二年口前ではやはり「盆過たび漁之儀者、八月十五日迄夏縄通り頭役、八月十六日ゟ何方へ参候共出ゟ通シ頭役也。商人運賃の儀者、出ゟ入迄とうし也」とあって、盂蘭盆会がおこなわれる七月一五日を区切りとして、その対処法が異なっていたことが見てとれる。

また、一〇月以降になるとたび漁も本格化したようで、「十月廿日より濱行熊野行候節者夏ノ頭役也」とあるほか、

十月廿一日ゟ濱行熊野行者夏之頭役也、たび漁之儀者、八月朔日ゟ十月晦

日迄、壱人前八匁也、十一月朔日ゟ夏之頭役也、

とあって、熊野まで出漁したことが明言されている。それと一体になって登場する「濱行」が何を意味するのかは判然としないが、このように一〇月以降になると熊野まで出漁することが多くなるとともに、それに対して、「頭役」という税銭が課され、あるいは「一人前八匁」という額が課されることになったのである。たとえ熊野まで出漁しても、あるいは船の使用料に相当するのであろうか、一定の税銭が水揚げに対し漁師や船に課されたのである。ちなみに、この頃の漁船の操業については、宝暦一三年（一七六三）三月、神島沖で鯛漁をしていた船約五〇艘が強風で遭難していた際の記録によると、一艘の船には船頭と水主数人が乗り込み、合計四人程度で船を操業するのが一般的であったらしい。その中には、「三州」すなわち三河から来た雇い人も含まれていたとされる（松本茂一「逢男風記録　解読―志州答志郡神島村―」）。

ところで、その税銭と考えられる「口前」と「頭役」はどのような内容のものだったのだろうか。このうち口前は、一八世紀の『類聚名物考』に「口銭〈俗云くちまへ〉口前」とあって、一般には口銭と呼ばれたらしい。一方口銭については、一般に付加税のことをいうのを基本としたとされる（『日本国語大辞典』小学館）。A・B二つの文書でも、冒頭に「口前三ヶ村定之事」とあり、年貢などに対してそれ以外の付加的な税を指すものと解することができる。しかし、口前の語は文書の本文中にも多数見えるほか、頭役と対になって表現されているように見受けられる。

頭役については、やはり辞典類にいろいろな意味が掲出されているが、「均等に頭割りで負担する

事」（『日本国語大辞典』小学館）などの例があるものの、ここにはどれも当てはまらない用例のようである。そこであらためて文書の中の「頭役」に注目すると、「夏縄船一艘に付き頭役金一分」「頭役金二分」（以上A）、「大工頭役年内金二分二朱ニ御座候」（B）など、頭役は金額が明示されている場合のあることが注意される。これに対し、口前については具体的な金額を明示した用例が一つもない。このことは、頭役が定額制の税銭であることを示しており、とくに「船一艘に付き」などの表現からすると、船ごとに課せられた税額であると見るのが自然である。それに口前が対応するとすれば、口前は歩合制の税銭を意味するのではなかろうか。ここでは先にAのうち、春季の縄船に関する史料を掲出したが、そこには「縄船高壱割、海草壱割」とあるように、漁船単位の漁獲を商人に売り、その売上高の一割を納入することを定めているが、口前とはこのような歩合制による税銭を意味するものと考えられるのである。

口前と頭役でどのようなちがいがあるのか、実はこの点ははっきりしない。しかし常識的に考えると、漁獲が多い時期には歩合制の方が税額も大きくなり、反対に漁獲が不安定な場合は、定額制の方が安定した収入を確保することができる。事実、この二つの文書では島内の漁獲が安定する春季には歩合制（口前）が基本であったようであり、夏期・秋期には頭役が基本として採用されているようである。口前と頭役についてはまだ不明な点も多いが、このように解釈することが今のところ穏当なのではなかろうか。

さて、あらためて先にあげたA文化六年口前について、掲出した箇所の意味をたどっておくことにしたい。それによると、まず漁獲を島外の市場に運搬する商人は一匁ずつの税銭が課されるとともに、延縄漁を行う縄船が操業し、それには漁獲収入の一割、海草（この時期にはワカメが旬を迎える）収入の一割が徴収された。また、延縄漁船は端午の節句までは指定された海域で、それ以降は自由に漁を行うことができた。この間、この地域で最も近い市場である鳥羽に漁獲を持ち込む場合にも口前を村に収めることとし、これが五月末まで続く。これに対し、夏の延縄漁については頭役として金一分が、おそらくは船を単位として納入された。さらに、旧盆の七月中旬以降になると旅漁が本格化するが、八月、九月にかけて頭役金額が定められる。また、十月一日以降は口前に変わり、「ぼうけいいわし」すなわち棒受網（ぼうけあみ）を使った鰯漁においては、歩合制の口前を適用した。さらにこの間にこれらの漁獲の売買に関与した秋商人については、春商人よりも高い二匁ずつの税銭が課せられたのである。

A・B二つの口前文書には、このほかにもさまざまな内容が含まれているが、最後に、神島の漁獲の具体的品目について、その内容をまとめておきたい。

まず、漁獲の品目としてイワシをあげることができる。この時期の神島では鰯漁がなされ、その漁獲に対しても一定の税銭が課せられていた。これは「一、八田網三分縄俵引口前也」「一、汲鰯縄俵引　壱割也」（A）などとあるように、網漁によって捕獲され、また汲鰯と書かれたように小さな網で鰯の魚群をとらえる漁法もあったらしい。八田網（やつだあみ）は八手網ともいい、複数の船によって大きな網を広げ、それによって鰯をすくい取る代表的な漁法である。この場合には単独の船の操業は不可能で、何艘かが協力して網を操作しなくてはならないが、そのために漁獲を保管する縄俵の経費分三分（三％）を必要経費と認めたうえ、残りを漁獲高に応じて課税対象としたのであろう。神島では現在もそうであるが、島内にほとんど水田がなく、俵を作るための稲わらを確保するには島外から購入する必要があったと想定される。

こうした鰯は、一部では食用に供されただろうが、大量に取れた場合には腐敗しやすい鰯を保存する方法がない。そのためそれらを有効利用するには、島内でもこれを乾燥させ、干鰯《ほしか》に加工する場合があった。それを示すものとして「一、干鰯買口之義ハ縄俵引賣仕切ニ而取也」「一、地引網之義ハ塩物之義ハ塩口引、干鰯ハ縄俵引、高壱割也」（A・B両方に掲載）という文言が書かれているが、俵に入れた干鰯がこの島で製品化されていたことがうかがえよう。なお、これによると、鰯は地引き網を使用して水揚げされる場合があったことがわかる。

冷凍庫や冷蔵庫などの保存施設がなかった当時、漁獲の多くは鮮魚のまま周辺の市場に運ばれたと考えられるが、しかしそうした場合にも、一部は塩漬けにすることで商品化がなされたようである。それを示すのが、「塩切鯛小鰹釣鯖、賣仕切ニ而口前也、但壱樽ニ付塩壱俵引」「ぼうけい塩口引、壱割也」とある文言で、ここではタイ・カツオ・サバが樽に入れて塩漬けにされていたことがわかる。「ぼうけい」は不明だが、「ぼうけい鰯」のことであるとすると、イワシの一部も同様に処理されていたことになる。「ぼうけい」は棒受網（ぼうけあみ）のことで、それを使って獲られたイワシのことと解するのである。砂浜がほとんどない神島では塩が生産されたとは考えられず、それを入手するには島外から購入する以外に方法がない。したがってここでも、一樽について一俵の塩を必要経費とし、それを控除したうえで口前や一割の税銭が課せられたと解釈できよう。

神島の塩漬け加工の商品としては、「塩切熨斗《しおきりのし》」が見えるが、これはアワビの身を薄く切った熨斗アワビを塩漬けにしたものをいうのであろうか。「塩切」とはこれも耳慣れない言葉であるが、これが当地でいう塩漬けのことを意味するらしい。

神島ではもう一つ別に、「ひじき」も加工され商品として販売されていた。

一、ひじ起義ハ商人小前方ニ寄《よら》ず、賣仕切ニ而木代莚《むしろ》代として壱割半引、口前取なり、たび商人之義ハ買帳ニ而取也、

ここに登場する商人は島の商売人、小前はおそらく小前百姓の意で、漁家が自前で販売するケースを想定しているのであろう。「木代・莚代」が一割半の割合で控除され、その上で口前が収取されたのであるが、「木代」はおそらく薪を購入するための代金で、ひじきを蒸したり茹でたりするための燃料として計上されているのであろう。また莚（むしろ）は天日干しのために用いたのであろうか。ともあれ、ここではひじきが加熱されたのちに乾燥されて、日持ちのする商品となっていたことが想定されるのである。ちなみに、ここには「たび商人」が買帳にしたがって税銭が徴収されたことも見えるが、これは買い上げた帳簿の額に応じて、一定の額が課されたものと考えられる。しかも「たび商人」とあるので、これは島の商人ではなく、島外からひじきを購入するために訪れた商人を指す可能

性が高い。素朴で単純な加工作業であるが、規模も小さいとはいえ、神島ではこうした生産活動が行われていたのである。

海草については、荒布（あらめ）も項目としてあげられ、一定の税銭が徴収されている。これはA・Bともに同じ文章が掲載され、ある程度その実態をうかがうことができる。アラメはカジメともいい、平城京の長屋王家木簡にも登場するなど、奈良時代から食用にされてきた代表的な海草の一つである。

一、荒布之義ハ、其年切賣拂口前也、残荒布村方仕送り不レ申候人之儀ハ、請口之方江丸取ニ可レ致者也、残荒布小間家方賣拂之節ハ、受口へ頭役取也、

全体的な内容はよくわからないが、荒布の採取や販売については、三年間を単位とするのでなく、一年ごとに収支決算をし、商人に売却することを原則としたらしい。また「小間家方」のことが記されているが、これは小前百姓が商人を介さずに市場に持ち込むことをいうのであろうか。その場合には、頭役という一定の税銭を村方に支払ったのである。またここでは、ひじきの場合のように必要経費が計上されておらず、加工をせず生のままで売却するのが原則だったようである。

このほか、神島では魚油の生産も行われていた。詳細はわからないことが多いが、「絞油干鰯何によらず大晦日迄取揚候義者、其年之口前江取也」（A）（B）と書かれているように、干鰯とともに「絞り油」が生産され、その年の生産に関しては大晦日までを一区切りとして口前を貢納することが定められている。この場合は干鰯と一緒にあげられているので、イワシ油を指すのであろう。これに

関しては、口前が徴収されていることから考え、商品として移出されるのが原則であったらしい。ただし、島内にはほかに油を得る手段がなく、島内で消費される分もかなりの割合を占めたものと想定される。

また、魚油に関しては、「一、六つせさめ油義、所ニ而小賣致候共、亦ゝ御燈明油にも煎立ニ而改、木代引壱割」（Bに記載された文言で、Aもほぼ同じ文を載せる）とあって、鮫から油を取ることもあった。サメは内臓から多くの油が採れることが知られているが、「木代」「煎り立て」などの表現からすると、やはり加熱することによって油を採取したものと考えられる。またここに「小売り」とあるのは、島内の百姓に販売することをいうのだろう。さらに鮫油は「燈明油」にも用いられたが、「御燈明」とあるように、これは「御」という敬称がついていることから、島の燈明堂のための油を指すのだろうか。神島には、島内最高点にあたる灯明山（とうめやま）の頂上に燈明堂が設けられ、鳥羽藩の管理のもとで夜間の海上交通に重要な役割を果たしていたことは先に述べた。

ところで、神島における漁業にあっては、時代によって扱われた魚種も大きな変化をとげている。小説『潮騒』ではコウナゴ漁やタコ漁が登場するが、そのうちタコは現在でも島の代表的な産品である。前掲「神島調査概報」では、昭和一〇年（一九三五）にはタコが全体の三割程度を占め、以下伊勢海老やイカ、鯛、アワビなどがそれに続く。しかし昭和三一年（一九五六）の統計では、タコの漁獲販売高が全体の六割以上を占め、それにアワビ、伊勢海老、タイ、イカなどが続いている。これほどタコの水揚げが多いにもかかわらず、A文化六年口前やB嘉永五年口前では、タコがほとんど登場しない。むしろイワシに言及する割合が高いが、それらは近代に入ってほとんど漁獲の対象にはならなかったようである。また、この時期にはどちらも伊勢海老が登場せず、またタコについてもＡでは何も言及するところがない。しかし、Ｂでは最後の方の一行に

鮹之儀者十月十五日口わけ

とあって、ようやくタコ漁の記載が登場する。「口わけ」はおそらく口開けのことで、この日からタコ漁が解禁になったということなのであろう。これは新暦の十一月になるが、海水温が低下し、伊勢湾内奥のタコが外洋に移動するところを狙って漁をするもので、それを落ちダコと称したことが『潮騒』にも描写されている。近代になって神島の名産品となったタコ漁は、嘉永五年（一八五二）のこの頃、ようやく本格的な漁が始まったことになろうか。

ここでは最初にＢ嘉永五年口前の税額が、Ａ文化六年に比べて三倍近くに増加していることを紹介したが、それだけを見れば大幅な増税があったことになる。しかしこの期間には漁業の方式や加工方法などが改善され、生産額も増加していたことが推測される。新たにタコが産品に加わったことはその一例であるが、この四〇年近くの時期には一定の生産額の増額が見られたのではなかろうか。「口前」が大きく増加したことは、一方で漁獲高や収入の増大を反映していたものと思われるのである。

さて、最後に、この二通の文書の末尾に注目しておくことにしよう。そこには次のような文言があって、この口前文書の作成者の名前が明記されているからである。

A文化六年口前
右之通堅相定申候　以上
文化六巳極月日
東村宿本　文四郎／五郎松／伊吉（／は改行を示す）
中村宿本　茂左衛門／長吉／万太郎
南村宿本　弥十郎／駒右衛門／藤之丞
地下　御役人衆中

B嘉永五年口前
右之通堅相定申候　以上
中村宿本　五郎松／文六／若之助
南村宿本　善太郎／久左衛門　／七左衛門
東村宿本　儀平　／嘉八／十太郎
嘉永五子極月日
地下　御役人衆中

二つの口前文書に見える末尾の形式は同じで、これは、中村、南村、東村の宿本が「地下　御役人衆中」に提出したものであることを示している。「御役人」に相当するのは庄屋・肝煎であって、貢納の主体となっている宿本とは、一般的な名称でいえば百姓代に相当しよう。当時神島は答志郡神島村として鳥羽藩配下の一つの村を形成していたが、しかしそれと同時に、神島村には公的な行政区画とは別に、三つの「村」が島内に存在した。

これらの三つの村が、現代まで続く三つの地域区分であるセコに一致することは間違いなかろう。後に詳しく述べるが、神島では二本の水流を境界として、南セコ、中セコ、東セコの三つの地域に分かれ、それが社会生活の一定の基準となってきた。しかし、そうしたセコは現在では公的な行政区画とは関係がなく、そのまとまりも祭事など、ごく一部の場合に限られて、日常生活にあってはほとんど意味を持つことがないのが現状である。しかしそのセコは、江戸時代には「村」と呼ばれるほどまとまりの強い地域性を示し、それが庄屋や肝煎の元に統合されていた。そして口前文書に見られるように、税銭負担の主体としても強く意識されたのである。セコの存在は、江戸時代にはこのように強い結びつきを示したのであった。

第三章　島の村絵図

第1節　明治初年の地引絵図

神島港の目の前に広がる集落のうち、埠頭からやや右手の細い道を入ったところに小久保三郎治氏の自宅がある。かつて神島を訪れていたとき、以前村の絵図を所有している人物としてこの小久保氏が紹介されていたが、その名前を手元にあった住宅地図で発見して、何の連絡もなく突然自宅を訪問したのである。その折りにはずいぶん戸惑われたようだが、こちらの事情を説明すると快く当方の意向を汲んでいただき、図々しくも、時間をおいて自宅に招かれたのである。そして、八代神社の掛け軸を飾った座敷に通され、そこで、研究論文でしか見たことのなかった古い絵図を拝見できた。三郎治家は代々島の名家とされ、倉田正邦「神島の覚書」（『郷土志摩』四四号、一九七三年）には次のように書かれている。

島の集落は、北面にあり、南・中・東と三つのセコ（世古）からなっている。ここの姓は、小久保・藤原・寺田・前田・池田・天野といった名が多く、島の旧家としては現在郵便局長の小久保三郎治氏の梅屋、小久保猶左門氏《ママ》の柏屋、小久保又左門氏《ママ》の井筒屋等である。幕末まで、この三軒が島の親方のように言われていたが、それといって島民の階層があったとは考え難い。

三郎治家が江戸時代に庄屋を務めたことは先に述べたが、明治以降も島の有力者として確固たる地位を占め、梅屋という屋号をもつとともに、郵便局長を務めていたことがわかる。ここに見える三郎治氏が、筆者がお会いした人物か、その父であったのかは判然としない。

ただし、島の有力者に関する右の説明は誤りがあるようで、「神島調査概報」（前掲）には「他の漁村における網元に相当するようなものが、神島に於て「大元」と呼ばれていた。大元は、寺田三四郎・小久保又左衛門・小久保三郎次《ママ》・小久保猶右衛門と四家があり、明治に入ってから岡田口左衛門家も加わった。」とある。「三郎次」は「三郎治」の誤記であるが、それ以外の四人については、島の人にうかがうと、こちらの人名の方が正しい。

さて、実際にその絵図を拝見すると、大きさはたたみ二畳分よりも一回り小さく、約一五〇cm四方の正方形で、厚手の和紙が使用されている。集落のあるハマを下辺の中央に据え、それを中心として島内全域の土地利用状況が詳細に記録されている。方角は絵図の上部が南になり、通常の地図とは方向が逆転するが、しかし島内の住民にとって、集落を中心とするこの描き方の方が実際の感覚と一致しているのだろう。作成された年代などについては一切記載がなく、成立の経緯は不明であるが、青、赤、黄などの彩色もよく残っており、保存状態は良好である。また、絵図では土地利用の内容が

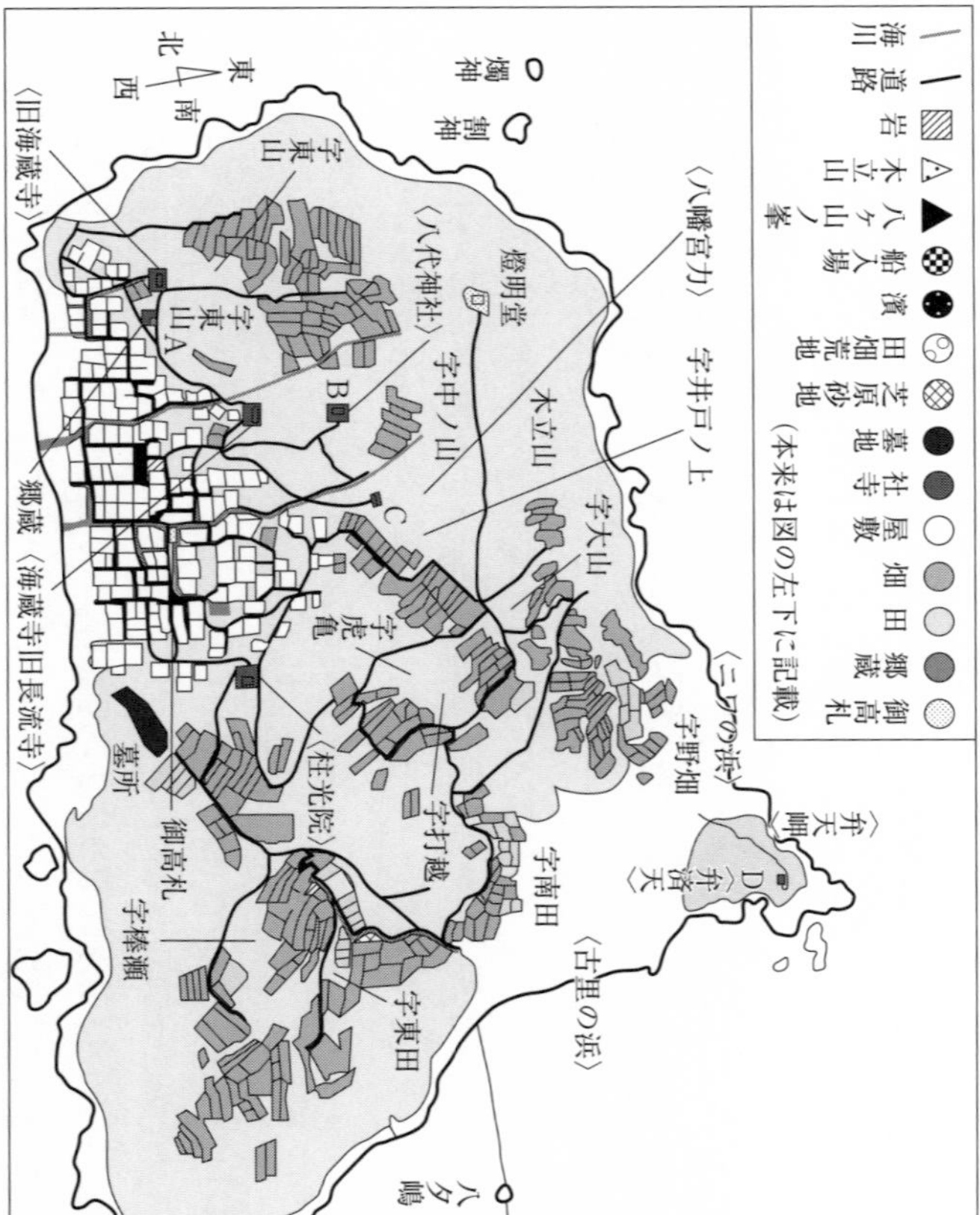

図10　明治五年地引絵図

詳細に表現されていることも特徴的で、次の一六の項目が色別に表示されている。

①御高札（茶色）②郷蔵（水色）③田（黄色）④畑（みどり）⑤屋敷（白）⑥社寺（赤）⑦墓地（ピンク）⑧芝原砂地（ピンク）⑨田畑荒地（灰色）⑩濱（灰色）⑪船入場（灰色に白点）⑫八ヶ山ノ峯（緑）⑬木立山（緑）⑭岩（薄緑）⑮道路（茶色）⑯海川（水色）

また絵図の描き方はきわめて正確で、本図は専門家の手になるものと思われるが、そのトレース図を図10として掲げておく（ただし概略図である。文字は原図にある文字をそのまま写し、推定名称の場合はカッコで括って表記している）。

では、この絵図はどのような経緯で作成されたのであろうか。まず、成立年代に関しては、絵図の中に「御高札」（高札場）や「郷蔵」などの施設が図示されており、江戸時代の絵図であることを暗示している。周知のように、高札場は藩の命令などを掲示した施設であり、また郷蔵《ごうぐら》は、年貢米などの保管や、非常時に備えて米穀を備蓄するために作られた村有の倉庫である。江戸時代、神島は島単独で「神島村」という行政区画を構成していたが、これらは幕藩体制下の重要な施設であったはずである。

このように、絵図には江戸時代特有の施設が描かれているが、しかし、詳細に記された住宅地や耕地の一筆一筆に、地番と思しき番号が朱筆により楷書で書き込まれている。この番号は、絵図の左上方の畑から一番が始まり、以後右手の方へ移動して、最後には四百番を超える数字が書かれている。また番号は、畑・田と屋敷に共通してふられており、土地区画の確定作業と密接な関係があったこと

図11　地引絵図の道と屋敷

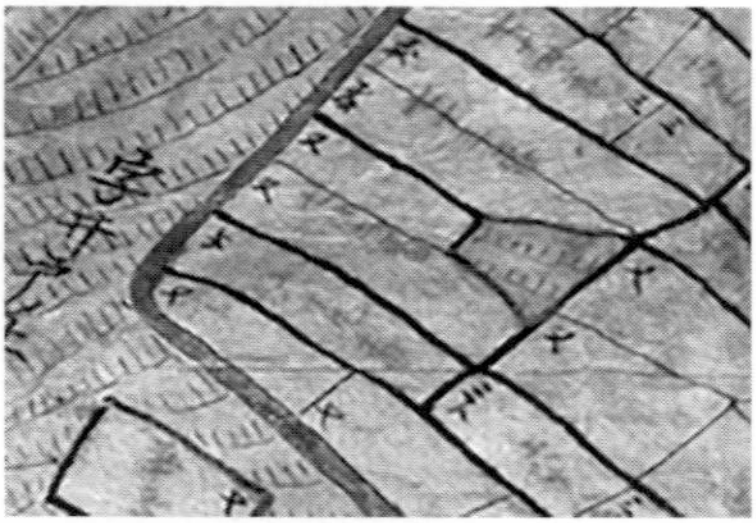
図12　畑の地番と人名

をうかがわせるが、こうした点はむしろ、明治以降にこそふさわしいのではないだろうか。

また絵図には成立の事情を示す添え書きなどが無いのであるが、描かれている施設によってその年代をある程度絞り込むことは可能である。まず、絵図でもっとも目立つものとして七カ所の「社寺」が赤色で描かれているが、ただそれらの名称が書かれていない。しかし、前掲嘉永二年「神島村絵図」と対比すると、このうち三寺が桂光院・長流寺・海蔵寺に、また四つの神社のうち二つは八代神社と八幡宮に比定できる。残る二つのうち、弁天岬の中央に位置する神社は、古文書の中に書かれた「弁済天」に相当する。現在も残る弁天岬は小高い山頂の頂点まで鬱蒼と樹木が茂り、道がないため山頂にはとても近づけないが、地元の人の話では、今も山頂の平坦地に小さな祠が残っているとのことである。神社のことはともかく、長流寺と海蔵寺が合寺されたのが明治一〇年（一八七七）であったことを想起すると、この絵図はそれ以前に成立したものと判断される。

絵図の年代については、このほかにも、「燈明堂」の記載が参考になろう。この絵図では、島の北側にある灯明山の頂上に、平坦な敷地と建物一棟が描かれ、それに「燈明堂」という文字が明記されている。先にも述べたように、燈明堂は一七世紀に河村瑞賢によって整備されて以後鳥羽藩のもとで管理されたが、明治六年（一八七三）に廃止されている。もちろん燈明台が廃止されたとしても建物自体は存続したかもしれず、それが地図に描かれた可能性も否定できない。しかし絵図作成は、明治一〇年をさらにさかのぼり、燈明堂が機能していた時期に求めるのが自然であろう。

ところで、村を単位として、測量に基づいた地形を描きかつ屋敷・田・畑などに彩色を施した絵図は、実は全国各地で作製されていたことが知られている。その一つは「壬申地券地引図」と呼ばれる絵図で、これは明治五年（一八七二）の地券交付に関連する絵図である。同年七月四日、政府は民有の地所すべてに地券を交付し、土地所有権の確定を目指した。この地券は明治五年に発行のことが制定されたので、干支にちなみ一般に壬申地券と通称されたが、あわせて交付調査のために絵図が作成されたのである。明治初年の地図作成事業を紹介する佐藤甚次郎『神奈川県の明治期地籍図』（暁印書館、一九九三年）では、神奈川県の実例をもとに地引絵図の〈モデル〉を掲出しているが、そこでは屋敷、田、畑、郷蔵などの九項目を彩色表示し、一筆一筆の民有地に地番が付けられている。彩色の方法や項目の種類は、ほとんど神島絵図と同じであるといってよい。

こうして地券発行の作業が始まったが、明治六年（一八七三）七月、新たな政策として地租改正法が発布された。周知のとおりこれは、それまでの租税制度を根本的に改め、田畑を基準とした貢租を、土地評価額を基準とするものに改めた法令である。そしてそのためには、土地の所有者と地積を確定する作業が前提となったが、ここで改めて、地租改正にもとづく地引絵図が全国で作成されたのである。地租改正の作業は、明治六年（一八七三）から各地で着手されたが、神島村が属した度会県での作業は比較的早く、同七年（一八七四）のことであったという（佐々木寛司『地租改正』）。

では、神島絵図はどちらの法令を根拠とした絵図だったのであろうか。壬申地券作成の地引図と地租改正のそれは、原理としては本質的に大きな違いはなかったと推測されるが、この間、細かな部分で、いくつかの変化が生じている。一つは家屋の建っていた土地を、壬申地引絵図では「屋敷」と表現しているが、これについては「地租改正条例」（明治六年七月）の第五条において「宅地」の語を用いるように変更が命じられた。また、神島絵図以外の壬申地引絵図には、一般に郷蔵敷地、高札場、小物成り地などの江戸時代以来の施設が描かれているが、このうち、高札による法令の掲示法は、明治六年（一八七三）二月に改められ、高札の撤去が布告されている。

図に示されるように、神島絵図では「宅地」ではなく「屋敷」の語が使用されており、また「御高札」もはっきりと描かれているが、このことは絵図が、明治六年二月以前に、壬申地券地引絵図として作成されたことを示唆している。明治六年に廃止された燈明堂が描かれていることもこの点と符合しているが、神島の絵図はおそらく、明治五年七月の地券交付令発布にともない、その後間もなくして作成されたのである。

ただ、神島絵図には、通常書かれるはずの「年月日」や作成者の署名を含む添え書きを欠いており、絵図の原本とは認めがたい。また子細に見ると、絵図上方の畑や田に「三」「三郎」「又」「善」「モリ」「与」などの文字が一筆ごとに書き込まれている点も注目される。これらはいずれも目立たないように記されているが、文字も小さく、くずした書体で書かれていて、いかにもメモのような書き方である。これらの文字は人名を略記したものと考えられるが、そうであれば、これはそれぞれの土地所有者の名を記したものに違いない。

明治二二年（一八九九）、全国で市町村制が実施されると、神島村も答志郡神島村となり村長が置かれたが、以後歴代の村長は、初代の小久保又左衛門（明治二二～二六年）をはじめ、小久保猶右衛門（明治二六～四〇年）、小久保三郎治（明治四〇年～大正四年）など、先の文章の「旧家」の人々によって占められていたことが知られる（『鳥羽志摩百年年表』）。書き込みの文字にも、「又」（又左衛門）「三郎」（三郎治）など、この「旧家」を連想させる人名が少なくないが、それは、神島の耕地の多くが島の旧家によって所有されていたことを示すものである。

一方、これ以前の神島村には、戸長・副戸長が置かれていた。これは明治五年（一八七二）六月にはじまる全国的制度であるが、この当時の戸長の氏名は不明である。しかし、絵図を伝える小久保家には、神島村戸長たる「小久保三郎治」氏に浦役人兼務を命じた文書（明治一〇年）が残されているので、明治二二年以前のある時期に、同氏が戸長を務めていたことは間違いない。

以上のことを勘案すると、神島村では壬申地券のための絵図が明治五年に作成され、それにもとづいて所有者確定の作業が実施されるとともに、別に原本たる地籍図が作られたのだろう。田畑に記された人名と思われる漢字も、その作業の過程で書き込まれていったのである。そしてこの絵図が小久保家に伝存したことを考えると、その作業が三郎治氏（戸長であった可能性が高い）を中心として進められたことも容易に推測される。いわば村の控えとして保管されていったのである。これによって、この絵図が維新直後の明治五年（一八七二）に作成されたことが明らかになった。以後この絵図を、明治五年地引絵図と呼ぶことにしたい。

第2節　江戸時代の村絵図

第二章では、神島町にある「文化財収蔵庫」に、江戸末期に作成された村絵図が一点残っていることを紹介した。そこには嘉永二年（一八四九）の年紀が書かれており、絵図が鳥羽藩に上納されたものの写しであることが明記されている。明治五年の地引絵図と比べると、平面図を描く視点がなく全体に見取り図のような様相を呈しており、かつ、地図としては絵画的で、家屋の配置や寺社などの施設についても粗雑な記載が目立つ。しかしここでは寺院や周辺の岩礁に付けられた神々の固有名詞が逐一記されており、先の地引絵図の不備を補うものとなっている。これによって、八幡宮や明神（八代神社）、桂光院・長流寺・海蔵寺などの場所も明確になった。

さて、嘉永二年の絵図は、これまで知られているなかでもっとも古い絵図であったが、実は、東京都豊島区に所在する徳川林政史研究所に神島の絵図が二点所蔵されている。いずれも江戸時代の絵図

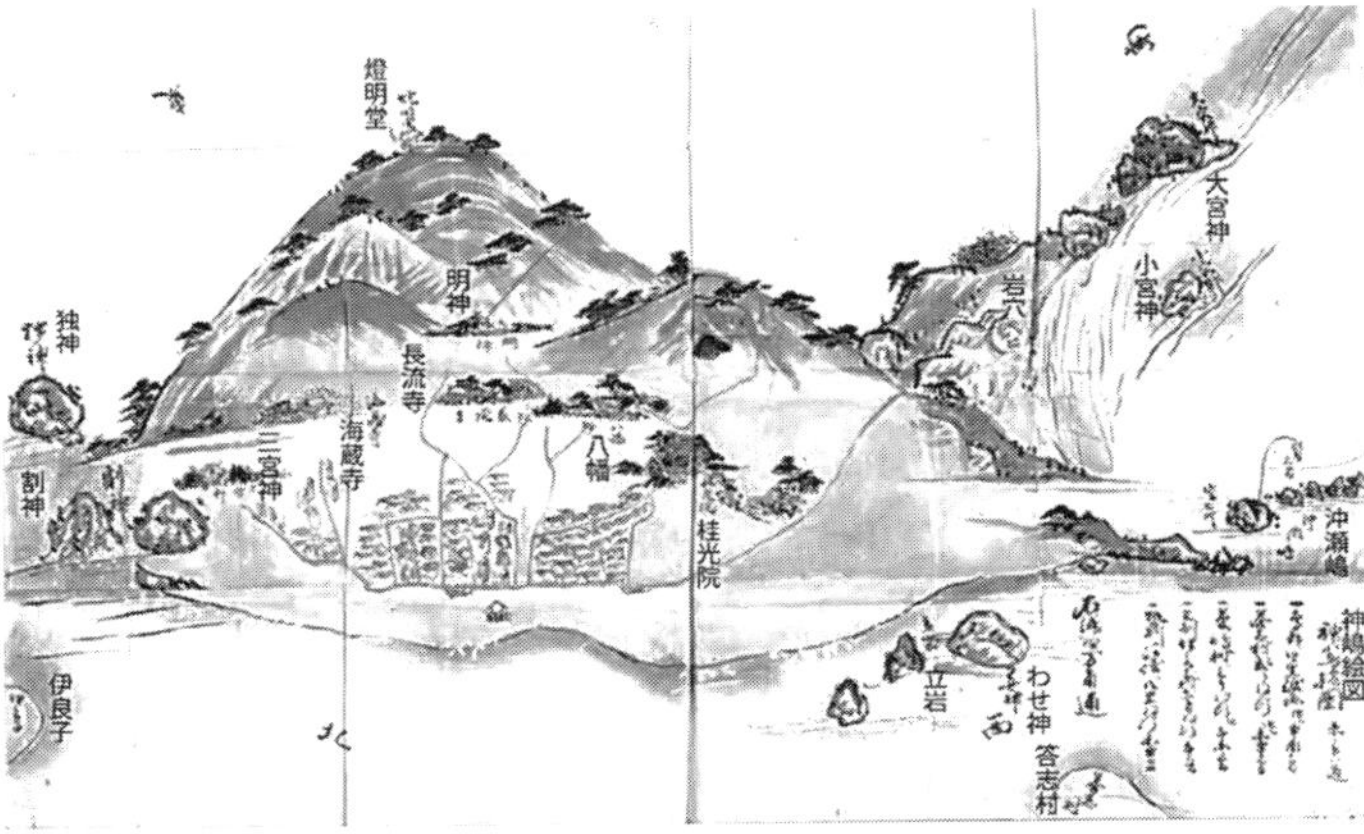

図13　徳川林政史研究所所蔵神島絵図

であることは確実で、これまで地元でも知られていない史料である。尾張徳川家に由来する資料を保管・活用する林政史研究所は、明治初期の東海地方の公的文書を多数所蔵しているが、本図もその一つである。元来は名古屋税務監督局で保管されていた絵図であったとのことであるが、二点の絵図は、おそらくいずれも鳥羽藩に上納された絵図で、それが近代になって同研究所に保管されることになったのである。したがってそれらは写しではなく、正文であったと推測される(「徳川林政史研究所所蔵絵図目録」三)。

同研究所に所蔵されている二点の神島村絵図のうち、第一は天保一三年(一八四二)に作成された絵図である。縦四八センチ、横六四センチの横長の紙に、濃淡を活かした墨書によって描画されている。島の北西部にまとまっている集落を正面とし、その背後に標高約一七〇メートルの灯明山を描いているが、構図としては、明治五年の地引絵図や嘉永二年村絵図と同じで、おそらく江戸時代以来の伝統的な村絵図の構図を踏襲したものといえよう。絵図は、奥が東南方向、手前が北西方向ということになるが、山の後方には魚の尾鰭のようなかたちの弁天岬が描かれ、現在も存在する「岩穴」や、「大宮神」「小宮神」「わせ神」のような岩礁に付けられた神名が記入されている。また、山頂に燈明堂を、浜に高札を描いている点も嘉永二年の村絵図と同じであって、寺や神社など、さまざまな施設の名称が細かく記されている点が特徴である。また本図には、当時の道が明瞭に描かれていることも特徴的である。これは嘉永二年図には見られない点で、正確な測量を経たものでないことは注意しなければならないが、当時の道路体系を知るうえで貴重な情報である。

さて、もう一点の絵図もこれと同様の構図を示しており、地図の情報としてはほとんど変わることがない。図13として揚げたのがそれで、「神島絵図」という表現がみえるほか、次のような文言があって周辺の要地との距離や位置関係が記されている。

神嶋絵図　赤之印ハ道
一　鳥羽へ四里、渡海、但シ申酉ノ間
一　答志村へ弐リ、同断、但シ未申ノ間
一　菅島村へ三リ、同断、但午未ノ間
一　三州伊良子村へ壱リ、同断、午《ママ》ノ方
一　勢州河崎へ八里、同断、未申間
右隣郷方角通

鳥羽は鳥羽藩の城下があった町、答志村・菅島村はいずれも神島に隣接する離島であるが、そのほか、渥美半島の先端にあった三河の伊良子（伊良湖）村や商業地であった伊勢河崎までの距離が記され、それによって神島のおおよその場所が示されている。ただし作成された経緯は書かれておらず、正確な作成年次は不明である。縦五八センチ、横八五センチの大きさで、天保一三年の絵図と比べるとかなり大判であるが、記載も詳細で、岩礁や樹木、海岸線の描き方において、より絵画的な表現を見ることができる。また、道については朱で強調した描き方がなされており、その記載も天保一三年絵図と比べると詳細な点がいくつか見られる。さらに、民家の様子が具体的に描かれていることも特徴的で、家々の屋根が重なるように描かれている点は、この絵図の特徴である。この絵図は地図としての役割を持ちながら、一方で神島の景観を視覚的にとらえた、すぐれた絵画としての一面も持ち合わせているといえようか。

なお、ここでも、灯明山の頂上には一棟の燈明堂が描かれ、反対側の浜には高札が一つ孤立して描かれているが、この点も嘉永二年村絵図、天保一三年村絵図と共通している。本図の成立年代は不明というしかないが、構図や施設の配置から判断して、江戸時代末期の成立であることはまず間違いない。

一般に近世の村絵図は、平面図を写すという発想が少なく、村の全体を見取り図のようなかたちで描く例が多い。そうした絵図は、大まかな村の様子は知ることができるが、近代の地形図のような正確性は望むことができないのが普通である。家々の分布の様子、樹木や道などもおおよその位置は判明するものの、それらはあくまで大まかな位置関係を示している場合が多い。神島の村絵図についても同様で、その正確性においてどこまで信頼できるものか、不安が残るのが正直なところであろう。事実、研究所所蔵の二点の絵図も、明治五年の地引絵図と比較すると、道の数も少なく、正確な家々の場所も記載されていない。しかし、よく観察・検討すると、道路体系や集落の分布についての特徴が、地引絵図と一致していることに気づく。

その端的な例として、地引絵図の中央に描かれた一本の道に注目したい。図14の地引絵図には、その中央付近に、浜から垂直に伸びる道が描かれているが、この道は山からの水流に沿って形成され、浜から山腹の畑に向かい、途中で八幡宮に伸びている（M１の道）。近代の神島では、集落が南・中・東の三つのセコに分かれていたが、この道と水流は、南セコと中セコの境界にもなっていた。小説『潮騒』では、この道が次のように描写され、村の中の中心的な道であったことが表現されている。

……村の中央を段をなして流れ落ちている石の小路に沿うて、細い川が流れていたが、この川の源が、村の唯一の水源であった。梅雨どきや豪雨のあとには、川は濁流をなし、女たちは川端でやかましく喋り合いながら洗濯をし、子供たちは手製の木の軍艦の進水式をすることもできたが……（第九章）

『潮騒』ではこの道を「村の中央」と書き、別の箇所では、「村の本道のコンクリートの段々」（第十五章）、「もっとも人通りの多いところ」（第九章）とも表現している。また、「村はしんとしていた。

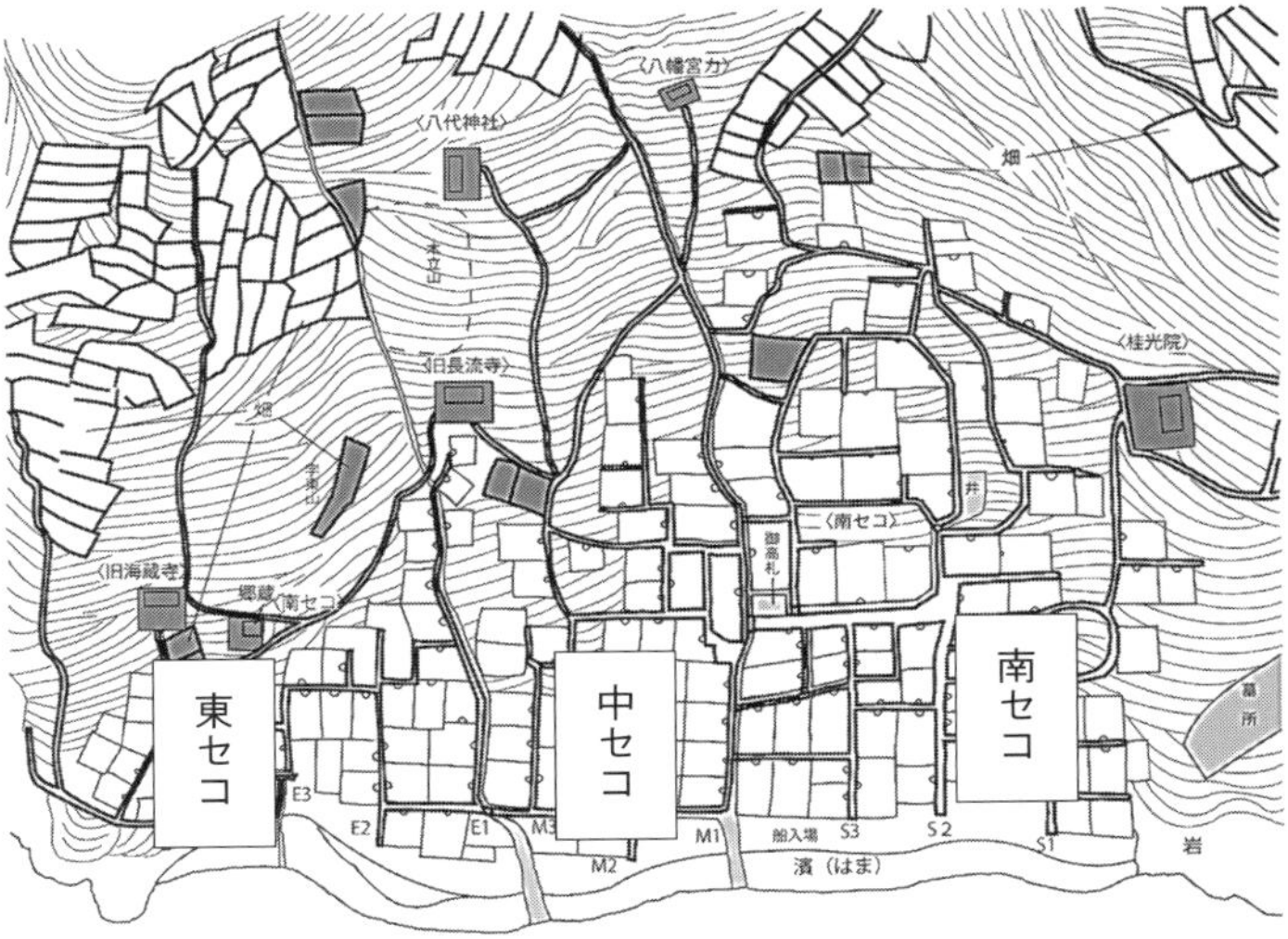

図14　明治五年地引絵図（集落）

外燈が埠頭に一つ、中央の坂道に一つ、山腹の泉のところに一つあった」（第九章）とあるように、「外燈」がともされた「中央の坂道」というのも、この道を指している。二つのセコの境界をなしたこの道は村の中央の道だった。

ところで、村の唯一の水源とされた「泉」については、『潮騒』の記述に従うと、この中央の道を山腹に入った場所にあったらしい。地引絵図でいえば、ちょうど八幡宮の左手にあたる場所である。現在ここにはダムと呼ばれる貯水池があって、かつて島に上水道が普及するまでは貴重な水源になっていたとされる。ただ、貯水池が造成されたために、「泉」の場所は現地を訪れても今は確認することができない。おそらくダムと呼ばれる貯水池ができたため、かつての泉は姿を消した

図15　村の中央の道（畑聰一氏による実測図）

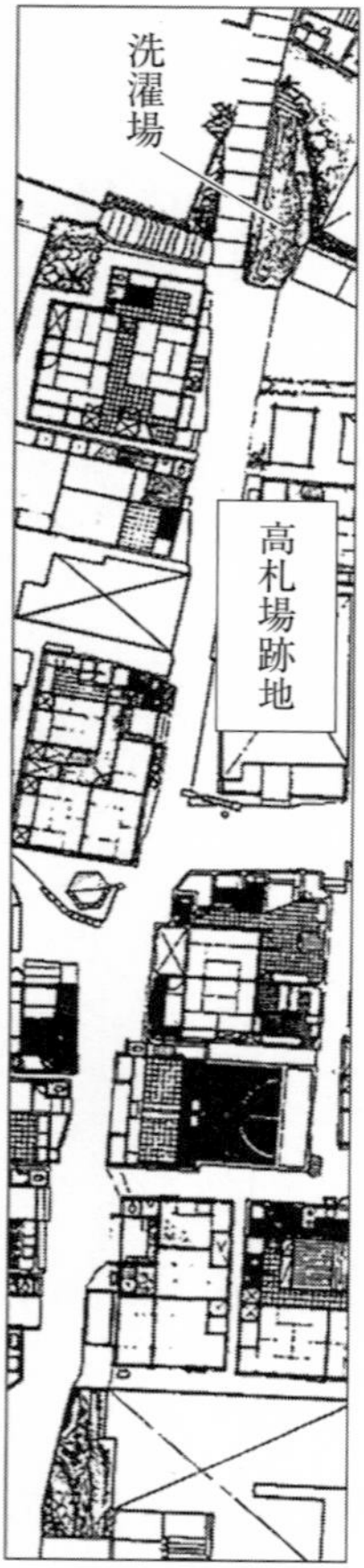

のだろう。

この中央の道については、浜に近い場所で右手に分岐する道が確認できることも重要である。地引絵図にはこの場所に高札場が置かれ、一定の敷地が確保されていた様子がうかがえるが、この道は南セコにあった唯一の寺である桂光院に至り、さらにその脇をとおって山の背後に達している。現在もこの道は使われ、切り通しの峠を越えていくと、山の背後にある耕地に至り、弁天岬の付近にある神島小中学校にたどり着く。

この二つの道が交わる場所に高札場があったことは、ここがもっとも人通りが多いところであったことを物語るが、それは二つのセコの接点にあたる場所であることの表現でもあった。現在はコンクリート製のモニュメントが作られ、そこに大きな時計がはめ込まれている。時計台跡と呼ばれているところで、この時計台はかつて島にある唯一の時計であったといわれる。

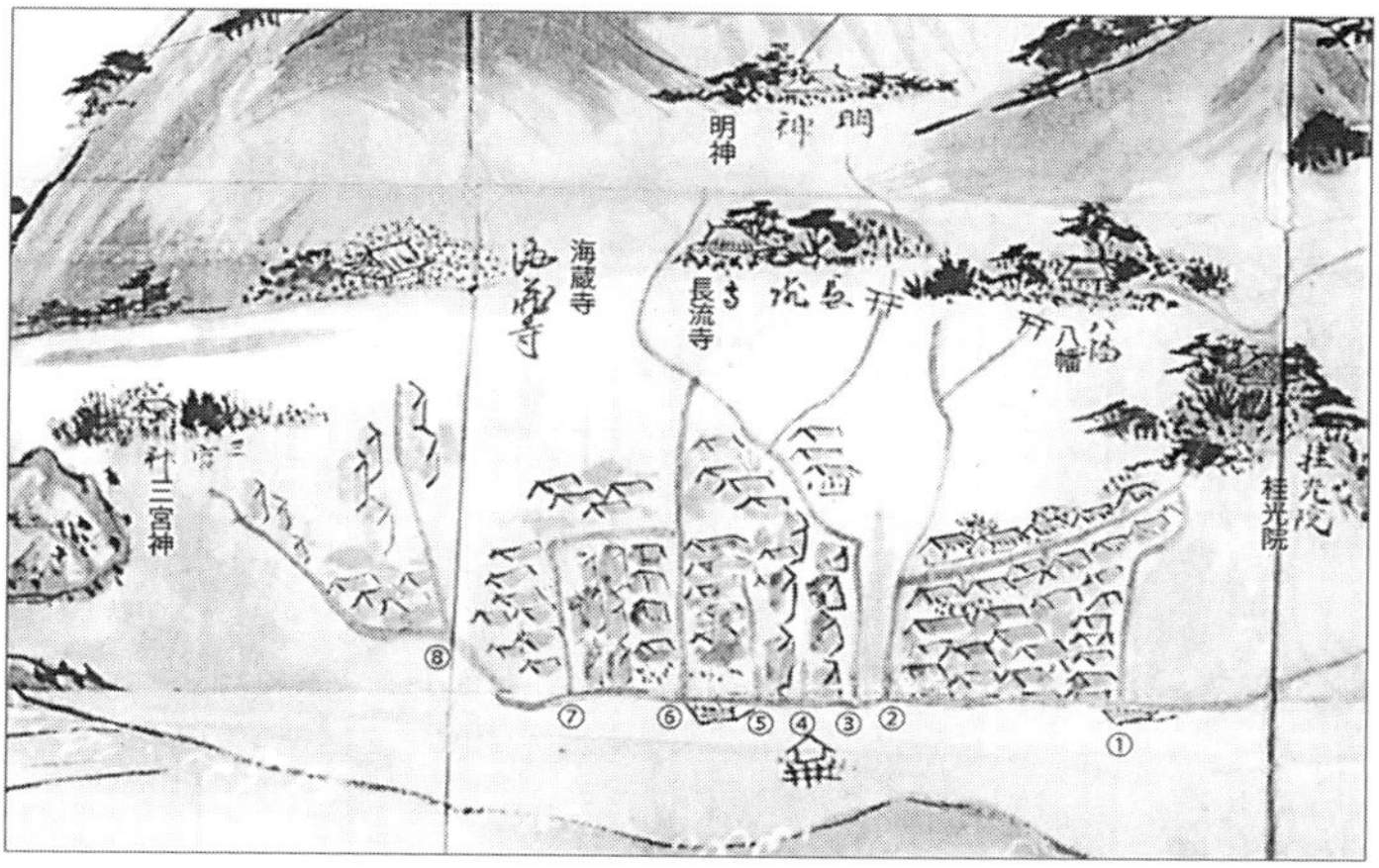

図16　徳川林政史研究所神島絵図（集落）

　では、徳川林政史研究所の村絵図では、この点はどのように描かれているのだろう。図16は、その集落部分を拡大した写真だが、これを見ると、図の中央に浜から山側に伸びる道が描かれている。図16には道に番号をふっておいたが、そのうち②が地引絵図の「村の中央の道」に相当する。この道は、八幡宮に続いており、また途中から左手に分かれている道があるが、これが水源の「泉」に続く道であることも明らかだろう。一方、八幡宮に続く道の手前で右側に分岐している道が、地引絵図の高札場前の道であることも明白である。この道は桂光院のそばを通り過ぎ、山を越えて弁天岬の方向に向かっているからである。

　この村の中央の道は、現在図15のようになっている。浜側から山に続く一本の道が走り、その両側には家が建ち並んでおり、それらが道路を浸食するように、路面の幅を不整形にしている。また高札場があった場所は、浜に平行な道が走り、ここで丁字路を形成しているが、これらは江戸時代の村絵図や明治の地引絵図ともよく一致している。また、図15には地表に露出した水流が表現されているが、ここは小説『潮騒』に登場する洗濯場で、水道の利用が不便であった時代、島民はこの場所で洗濯を行った。そしてこの水流は、下流にいくに従って暗渠になり、谷川の水はコンクリートの蓋に覆われた暗渠を流れている。この水はこれから先も中央の道の右側を流れ、最後は港の排水溝から海に流れ込んでいるのが確認できる。こうして現在では、道の右側つまり西側に一本の谷川が流れているのである。

ところが、図16の神島絵図では、「村の中央の道」の場所に、②と③の二本の道が平行して走っていて、この点が地引絵図の記載と大きく異なっている（図17及び図18を参照）。地引絵図には「中央の道」が一本設けられているだけで、そこからいくつかの道が分岐しているからである。先に書いたように、現在もここには一本の道が存在するだけで、二本の道があった形跡は見ることができない。もし神島絵図のとおりであるとすれば、これは地引絵図の記載とも、また現在の道とも異なっていたことになる。

しかし、二本の道が平行して走ることは、徳川林政史研究所所蔵の天保一三年村絵図にも同様の記載が見え、全く根拠のないこととも思えない。ただ、家一棟分の距離しかないようなところに、同じような道が設けられることが実際にあったのだろうか。その場合考えられることの一つは、二つの道に高低差があり、そのためにそうした状況が出現したことである。しかし現地を見る限り、この辺りには標高差はなく、そのような状況を想定することはむつかしいようである。

もう一つの可能性としては、「中央の道」に沿って流れた水流が存在した時、その両側で自然に二本の細い道が形成されたということである。図17の地引絵図を注意してみると、山側から浜におりてくるこの道は、高札場のところでやや左側に角度を変え、再び直進していることに気付く。実はこの点は現在の地形とも同じで、山からおりてくる道は、時計台跡のところでクランク状に折れ曲がって

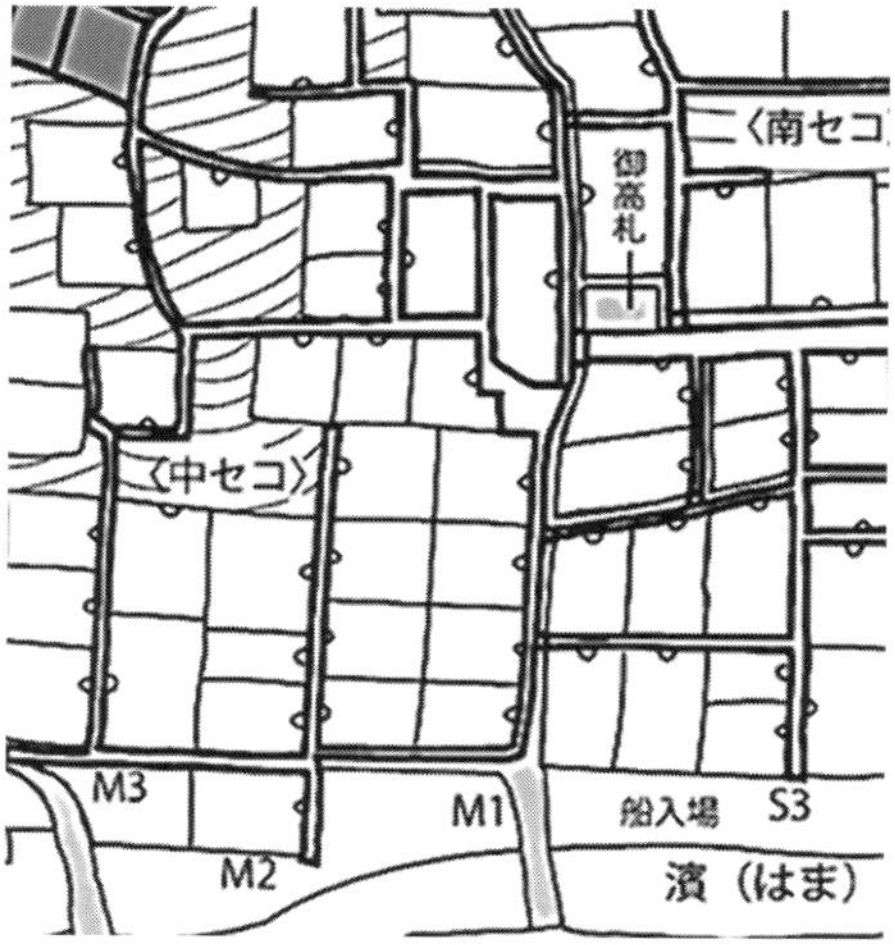

図17　地引絵図

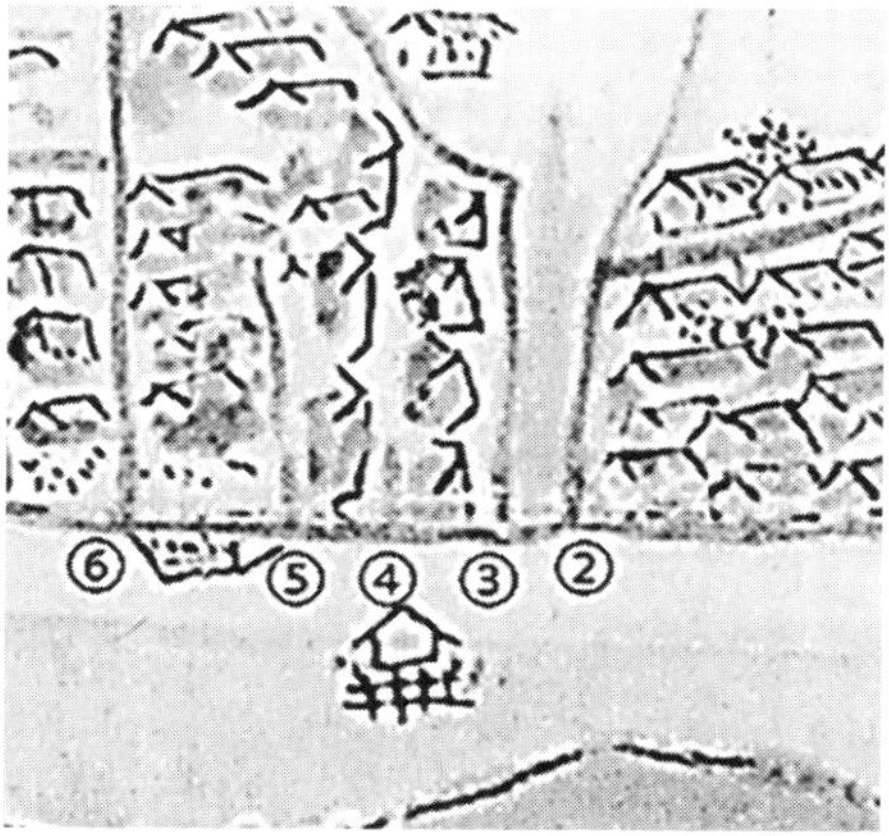

図18　神島絵図

おり、道路としては不自然な状況を示しているのである（図15参照）。もし「中央の道」が山側から直進していたとすると、ちょうど神島絵図の記載のように、二本の道が平行して走っていたことが想定できるのである。

ではなぜ、二本の道が一本の道に形を変えたのだろうか。この点についてはよくわからないが、あえて推測すれば、江戸時代の末、地引絵図ができる以前に、「中央の道」の右側（西）の家並みが道路にせり出し、その結果、不自然な屈曲をともなう一本の道が形成されたのではなかろうか。当初は水流の両側に二本の道が作られたのに対し、右側（西）の道を住宅地が浸食して、最終的に一本の道になったという推定である。かつて山から降りてきた「中央の道」は直進して浜まで達し、それと左側（東）からの道が並行して、水流の両側に二本の道が形成されていたが、地引絵図が描かれた明治初年の時点では、家並みが道路を侵食し、その結果、統合された一本の道が新たに形成されたのである。

徳川林政史研究所所蔵の近世神島絵図は、表現が絵画的で、地形図としての信頼性には不安が残る。しかし、明治初年の地引絵図と比較すると共通点が多く見られ、そこに描かれた道路体系も、その特徴がよく捉えられているといえそうである。これらの道や寺・神社などは、現代の神島でもそのまま利用されている場所が少なくない。

しかし、両者の間には、いくつもの相違点が存在することも事実である。ここではそれを三つほどの論点にしぼってまとめておくことにしたい。まず一つは、近世の神島絵図において、浜に近い場所に、海岸線と平行する道が明瞭に描かれていることである。この道は右手（西）にいくと山の中に入り、峠を越えて弁天岬の方向に向かっている。一方、左手（東）へは、島の東側に回り込むように道が続き、「三宮神《さんぐうしん》」の境内に続いている。（図16参照）。現在この場所には、何らかの施設があったらしい平坦地があるが、祠や神社が置かれた形跡は見いだせない。

近世の神島絵図によれば、東西に走るこの道は、神島の中でもっとも基本的な道を形成し、そこから垂直の道が山に向かって何本も走るというのが、島の道路体系の基本を構成した。現地を訪れると、山に向かう道は「中央の道」を含め、いずれも幅三メートルほどで、階段道が多いこともあって、自転車が通行することもできない。その上、集落の内部の道はいっそう狭くなり、家々の間を縫うように続いており、まさに迷路のような様相を呈している。ガイドブックなどには「路地のような」と表現されることも多い。しかし子細に観察すると、今でも、島の道路体系が浜に平行に走る道と、そこから垂直に、つまり山腹方向に伸びる道で構成されていたことは疑いがない。

ところが、明治初年の地引絵図には、浜を東西に走るこの道が描かれていない。地引絵図には、中セコと東セコの一部の場所に海岸沿いの道が描かれているが、ともかくも、浜を貫通するような道は描かれていないのである。この点からすると、浜の東西の道は明治以降になって廃絶したものと判断せざるを得ない。しかし、現在は浜に近い場所に東西道が走り、その道筋はほぼ近世の村絵図と同じ場所を通っているように見える。道幅はおよそ八メートル、島では唯一の広い舗装道路で、軽自動車やバイクなども往来している。現在の道は、西側に向かうと山腹に入って弁天岬の方向に続き、東側へは海岸線に沿って道が伸びているが、このルートは、江戸時代の村絵図と同じ形状を示しており、絵図の東西道とよく符合するのである。島の人にうかがうと、この道を作ったときには人骨が地中から発見され、そのためにこの道は「ツカの道」と呼ばれることもあるという。このような実態を考えると、現在の浜の東西道は、江戸時代以来継続して使用されていた可能性が高い。

ただもしそうであるとすると、地引絵図にはなぜ浜の道が記載されていないのだろうか。一つ考えられるのは、地引絵図が宅地や耕地の所有権確定を第一の目的としたため、浜の道が省略されたのではないかということである。あるいは、浜が人々の通行する場所になっていたとしても、明確な道として形成されていなかった事情があったのかもしれない。しかしその場合には、浜から「墓所《はかしょ》」の右手を通り、山に向かう道が描かれていないのが問題である。結局のところ、浜の道が地引絵図に掲載されなかった理由ははっきりしない。

一方、家屋について見ると、地引絵図では、浜に面した島の北西部に集落が集中しており、それ以外には宅地が一つもない（図10）。この点は現在も同じで、島の南方にある弁天岬の近くに新たに小中学校が作られてはいるが、個人の住まいは漁港に面した箇所にしか作られていない。一方で、その集落の内部を歩くと、浜に面した場所はほぼ平坦地が広がっているが、地引絵図の高札場前の東西道のあたりから次第に勾配がきつくなり、それより山側では、あちこちに階段道が作られている。こうした現地の地形に着目すると、地引絵図が作られた明治初期の段階にはすでに、かなりの宅地が山側に進出していた様子を読み取ることができる。この点は、多くの住宅が形成された南セコや中セコでとくに顕著である。

現在の神島では、南セコの右手（西）に多数の宅地が形成され、山腹に向かう道に沿って多くの家がつくられている。また東セコでも、地引絵図で「字東山」と書かれた山腹に、多くの家が密集するようになった。今日では、かつて地引絵図に描かれた家の範囲を超えて多くの住宅が形成されるようになったのである。先に述べたように、江戸時代から明治初年にかけての神島の人口は、およそ五〇〇人から六〇〇人の間で推移したと考えられるが、昭和三〇年代には千数百人にも達し、近代になって人口は三倍近くに増加した。千人を超える住人の存在は、山腹に住居が開発されることで可能になったものと想像される。

これに対し、近世の神島絵図（図13）では、住まいは島の北西部の浜に面した一帯に集中し、それ以外には一軒も家が描かれていない。ただし、その分布を見ると、家屋は海岸に近い箇所に集中し、山腹にはほとんど家が見られないのが特徴である。たとえば南セコの住宅に注目すると、家は高札場前の東西道の海側に集中し、道の山側に五棟の家が描かれているものの、それより山側には一軒も家が存在していない。このことは、この頃の住まいが基本的に浜に近い平坦地に限られていたことを示している。また、高札場前の東西道の山側の住宅については、屋根だけでなく家の全体を描いていることも注目される。標高の高い場所に土地を造成した家であれば、海の視点から見たとき、屋根だけでなく家の全体を見ることができるからである。事実、現地を歩くと実感するが、このあたりは道の浜側と比べてわずかに標高が高くなっている。村絵図の記載は、巧みに住宅地の標高差を表現しているのかもしれない。同じことは村絵図の左側にあたる中セコや東セコでも見てとれる。住宅地の大半は切妻屋根の画一的な形式で描かれており、それが浜に近い平坦地に密集していた様子がよくわかるが、山側につくられた家は、その全体が描かれ、標高の高い場所に位置したことを暗示しているからである。ただ、その数は平坦地に比べると圧倒的に少ない。何度もくり返すが、近世の村絵図は、地形図としての信頼性は乏しいものと推測されるが、それにもかかわらずこの村絵図には、住宅が浜に近い平坦地に集中していたことが描かれている。そしてこの点を図10の地引絵図と比較すると、幕末から明治初年にかけて、次第に家屋が山腹に進出していった状況をうかがうことができるのである。

最後に、村のシンボルとなった高札場について付言しておきたい。明治初年の地引絵図では、「中央の道」と桂光院に続く交差点に高札場が設けられていた。ところが、図13の村絵図には、高札場は集落から離れ、浜のほぼ中央に高札が独立して立てられている。この点は、徳川林政史研究所所蔵の天保一三年村絵図や文化財収蔵庫に所蔵されている嘉永二年の村絵図でも同様で、この時期に高札が浜に作られていたことは間違いないようである。そして、地引絵図の記載に従えば、高札場は幕末のある時期に、現在の時計台のある場所に移設されたのである。鳥羽藩からの命令を伝達するうえで、多くの住人が集まる浜は、浜高札とも呼ばれる、高札を立てるのにふさわしい場所と考えられたのであろう。

神島が典型的な漁村であることはくり返し述べたが、すぐ近くに位置する鳥羽市の答志島や菅島にも、同じような漁村が形成されている。さらに鳥羽市、志摩市を中心とする志摩半島は、リアス式海岸が発達しているため良港があちこちに見られ、同様の漁村が各地に点在している。しかしそれらのほとんどすべては、漁港（港）に面した集落の背後に比較的広い後背地が存在し、多くの水田や畑が作られている。また、土地に比較的余裕があるため、一つ一つの家も門構えや庭をもち、ゆとりのある家屋を形成している例が多い。これらの集落は漁村として分類することも可能であろうが、むしろ半農半漁の集落として理解する方が実態に近い。

このことは、伊勢湾の離島である答志島（浜を単位として答志・和具・桃取の三つの集落が存在する）や菅島でも同様で、漁村集落の背後には平坦な土地に耕作地が確保され、家屋も周囲をブロック塀で囲んだ、いわゆる家構えをもつ例が目立っている。江戸時代の古文書を見ても、この二つの島では「浦役」のほかに田畑の石高が計上されており、さらに上田・中田・下田の規模が数字で示されるなど、農業が漁業と並ぶ生業であったことが示されている（享保十一年「答志村指出帳」など）（鳥羽市史編さん室『鳥羽市史』上巻、一九九一年）。

これに対して、神島は耕地がきわめて少なく、江戸時代の古文書でも田畑の石高は計上されていない（同上）。もっとも、昭和三九年（一九六四）に公開された映画『潮騒』に登場する神島の映像には、山の斜面を段々畑が埋めつくしている様子が映されており、必要最低限の穀物を生産していたことは事実である。さらに、明治初年の地引絵図でも、灯明山の山腹や南側の斜面に多くの畑・田が作られている様子が見られ、神島では早くから島の住人が規模の小さな耕地を切り開いていったことがうかがえる。しかしそれにもかかわらず、島の耕地は租税賦課の対象とは見なされなかったのであり、その生産高もごくわずかであったと推定される。他方で、神島は全体の面積に比べて平坦地が少なく、集落は限られた平坦部に集中する傾向が強かった。しかも平坦地の広さに比して家の数が多く、神島ではいっそう高密度の集落が形成されていった。現在でも、個々の家は敷地が狭く家構えをもつ例はごくわずかであり、庭を設けずに家の出入り口を直接道路に開くのが一般的である。また敷地の狭さを補うため、地下室を設けた三階建ての家屋も少なくない。島の家々が小さい敷地しか持たないのは、住民の貧しさを反映するのではなく、こうした地理的条件の結果であったことになろうか。豊かな漁場と豊かな漁民が存在したことが、結果的にこうした景観を生み出したのである。

以上のような点で神島は、伊勢湾の離島や志摩半島の漁村の中でも、例外的に漁業に依存する割合が高い集落となった。また、平坦地が狭小であるため、その集落の密度も、他の漁村と比べると際だって高いものになっていると想定される。こうして神島の集落は、他の漁村には見られない独特の景観をもつことになった。

第四章　描かれた神島――参海雑志に見える近世の神島――

第1節　渡辺崋山と神島

江戸時代の地域を知る場合、その第一の資料となるのは古文書や絵図である。映像があれば便利だろうが、ただ、映像技術や絵画史料が発達していないこの時代には、それらを利用することはなかなかに困難である。しかも、神島のような寒村では、その可能性も限りなく低いといえる。しかし、幸いにもこの神島には、江戸時代、画家として著名な渡辺崋山が残した紀行文「参海雑志《さんかいざっし》」の中に、神島に関する記述や絵画史料が数多く含まれている。このことは地元でもあまり注目されたことがなく、研究書の類でも言及されていない。筆者もまた何も手がかりが得られないでいたが、近年、鮎川俊介『崋山の旅 新しい風景との出会い』（幻冬舎、二〇一六年）や同氏のブログによってその存在を知ったのである。

よく知られているように、渡辺崋山は三河国にあった田原藩の江戸屋敷で生まれ育ち、のち同藩の江戸詰家老に就任している。この間、幼少の頃から絵画に親しみ、「佐藤一斎像」や国宝に指定されている「鷹見泉石像」のような人物画、四州真景図のような真景図（風景画）などを制作した。その一方で、海防思想にも深い関心を持ち「慎機論《しんきろん》」などを著したが、天保一〇年（一八三九）にはいわゆる蛮社の獄によって逮捕され、同年のうちに田原への蟄居が命じられている。「慎機論」は今読み返すと、西欧の事情を事細かに伝えた文章で、それ自体は徳川幕府を比定するのでなく、穏当な西洋事情の紹介に終始しているように見える。しかし、そのことは幕府の鎖国思想と矛盾することになり、それが自決という厳しい結果を招いたのである。いわば時代の犠牲者といってもよい。

崋山が参海雑志を記したのは天保四年（一八三三）のことで、その冒頭に「御系譜のご用、巣鴨老侯の三河志のご用をかねて」とあるように、藩主三宅家の系譜調査とともに、「三河志」編纂のための現地調査という目的があったのである。そしてその調査地としては、伊勢国の神島、三河国の佐久島、岡崎、吉田、豊川、鳳来寺などを訪問する予定であったという。このうち神島については、全部で一二葉の写生画が描かれ、またそれに対応した紀行文も載せられている。この時崋山は、数え年で四一歳になっていた。

なお、本稿では、『参海雑志』のテキストとして、小澤耕一・芳賀登監修『渡辺崋山集』第２巻（日本図書センター、一九九九年）及び同『渡辺崋山集』第６巻（同上）を使用した。前者は参海雑志の本文が活字化されており、さらに簡単な注と解説が付けられている。ただ、写生画の多くは省略されている。後者は参海雑志の影印本が収録され、図版はすべてこちらで見ることができる。同じ画

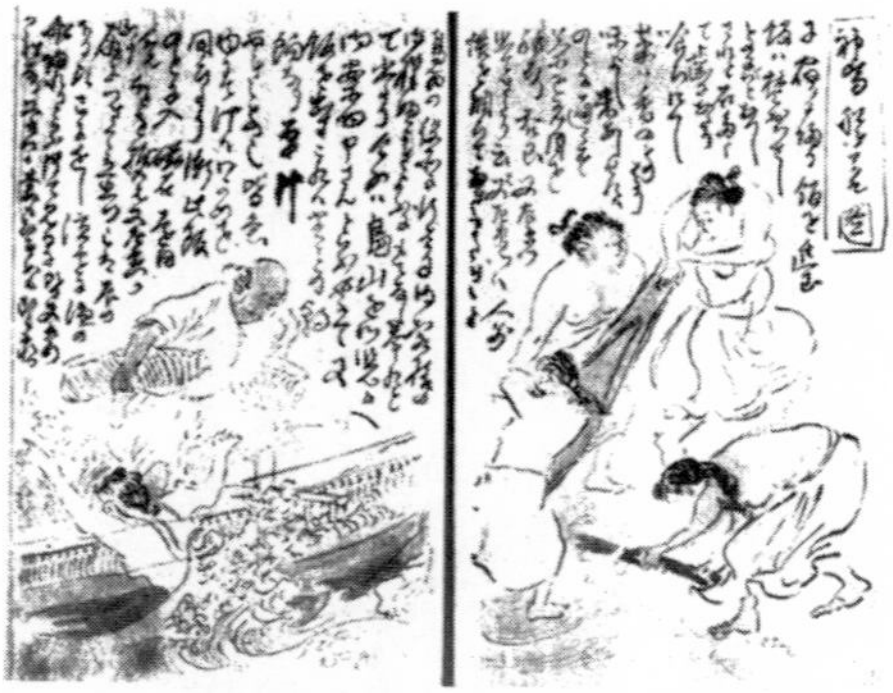

図19　参海雑志（国立国会図書館デジタルコレクション）以下出典同じ。

像は国立国会図書館のデータベースでも公開されているが、本稿の図版もこれを利用している。

渡辺崋山が居城田原を出発したのは陰暦四月一五日のことで、その後渥美半島を南に下り、一六日には伊良湖村から神島へ帆を付けた小さな船で渡っている。その時の様子は、

わがのりし船は漁せる小船にして、長凡二丈あまりもありぬべし。さるを船子ら三たり、おのれ鈴木氏とともに三たり、あはせて六たりにてあなれバ……

とあるように、一行は崋山ほか二名で、そこに三人の漁師が乗り込んでいた。以下、史料の漢字には必要と思われる箇所にルビを付けるが、この時はよほど風が強かったのか、辛苦の末に伊良湖水道を横断し、集落のある島の北西部ではなく、南側の弁天岬の海岸に船を着けている。おそらくは、現在古里《こり》の浜と呼ばれている砂浜にたどりつくことができたのである。

……辛うじて島の南辺に艤《ぎ》せんとするに、磯辺は海深くて波さかまき、寄せんとすれば引《ひき》かえされ、かえさんとすれば打《うち》よせられ、せんすべなし。船子等はやく碇《いかり》をとりて投入れ、流さらん

ようにし、綱をもて磯辺におよぎつき、力をかぎり引《ひく》ほどに、やがて此《この》島の女子ども下ひもばかりせしが幾たりもむれ来て船を引よせしかば……

とみえて、碇を降ろして船を固定したうえ、現地の女性の手を借りてようやく上陸することができた。「船を上ぐる図」（図19）はそのありようを想像させる。

この時の印象がよほど強かったのか、崋山は上陸した地点から見た弁天岬の写生画を四点も残している。江戸育ちの崋山にとって、弁天岬の岩肌や波で浸食された岩穴の光景は、荒々しい自然を示すものとして強く印象を残したものと思われる。こうして、崋山はようやく神島にたどり着いたが、しかしいったん到着したあとは積極的に現地の島民に話を聞いたらしく、土地の方言や生業についての、メモ書きというべき断片的な記述をいくつも残している。「南風ませ、辰巳風イナサ、東風コチ、西ハ西風、北よりハ北風、東北ならひの大ナルモ［ノ］ヲベットウ」「伊勢海老は岩にすむなり、シマ海老は沖にすむ」などとあるのがそれで、上陸後間もなく、神島の産業や独特の言葉遣いなどを聞き取っている。

さて、以上の文章に続けて、神島の燈明堂の写生画が一点、本文に添えられている。島で最も高い灯明山《とうめやま》に作られた燈明堂については、いくつかの絵画史料にその姿が描かれている。図20は神島町文化財収蔵庫に収められた嘉永二年（一八四九）の村絵図、図21は徳川林政史研究所に所蔵された年次未詳の江戸時代の絵図で、いずれも灯明山の頂上に小さなお堂のような建物が描かれている。これに対して、図22は明治五年作成の地引絵図で、灯明山の頂上に平坦地が造成され、その中央に正方形の燈明堂が作られた様子をうかがうことができる。

　神島の燈明堂については、先に紹介したように、村の者が二人ずつ交代で管理にあたり、それに応じて二人扶持の給与が支給されていた。またそれは年貢と相殺されたが、灯明に使う油は鳥羽藩から支給され、三月から八月までは一晩で四合余り、九月から二月までは一晩に六合近くの分量になった。二日で一升近くの油を使用することになり、その多さにあらためて驚かされる。さらに冒頭には、燈明堂が七尺四方すなわち約二メートル四方の規模であったことが知られるが、絵図から判断して、その姿は昼間でも島の外からはっきりと確認できた。

　さて、こうした概要は知られてきたが、これまで燈明堂の具体的な様子はほとんど知られていなかった。しかし、参海雑志には燈明堂の本体を写した写生画が収録されていて、その内部の構造も詳細に描かれている。図23としてあげた挿図がそれで、それによると、燈明堂は四本の柱を建て、その

図20

図21

図22

上に宝形（方形）造の屋根を架けたものであることがわかる。この大きな屋根があることで、雨の日にも灯火をともすことができたのである。ただよく見ると、柱には、別に一本ずつ柱が添えられていて、補強材の役割をはたしていたと思われる。おそらく風の強い山頂では、それだけ頑強な構造物を必要としたのだろう。ちなみに、図20にはカギ型の構造物が建物の外側に描かれているが、それはこの補強材を描いたものと推定される。

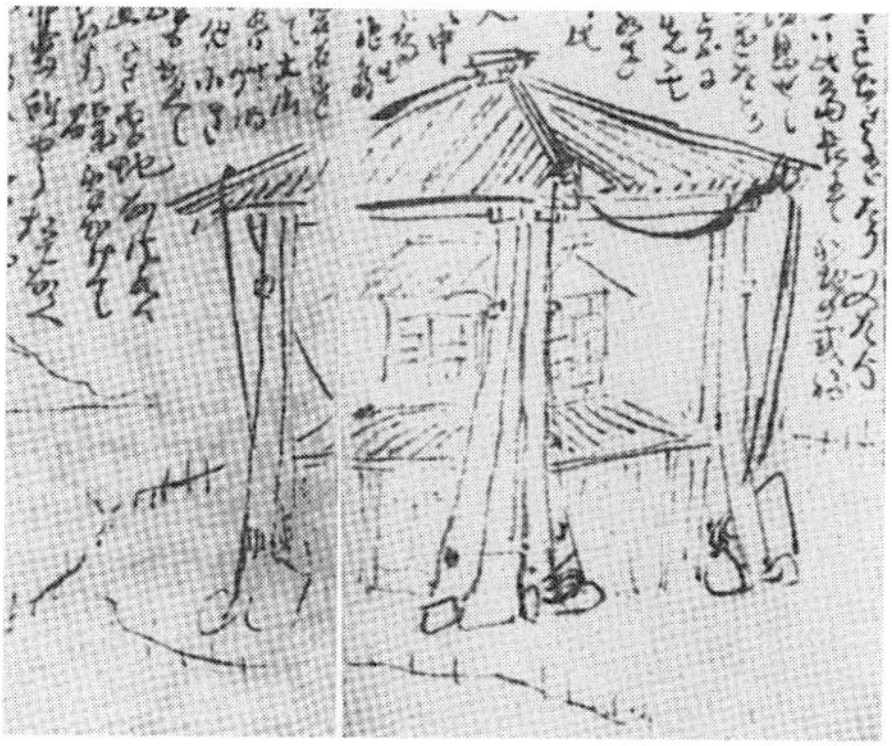

図23　燈明堂（参海雑志）

ただここに灯火を点けても、風のために簡単に消えてしまったはずである。写生画では、大きな屋根の下に、土台を築いたうえで小さな家を模した構造物が造られているが、おそらくは、この内部に灯火が点けられたのであろう。さらに、その画面をじっくり観察すると、小型の家のような構造物には、壁に相当する四面に格子状の模様が描かれていて、ここには障子がはめ込まれていたものと想定される。大きな屋根とその内部に設けられた小型の家をつくることで、その内部の灯火を守ることができたのである。

現在灯明山の頂上には樹木が生い茂り、その場所からはほとんど周囲を見渡すことができない。しかし、この写生画によると平坦地が造成され、下草もきれいに刈り取られていた様子がうかがえる。実は燈明堂を描いたほかの絵画史料でも、山頂のあたりは樹木がなく、ほとんどはげ山のように描かれているが、おそらくそれが、江戸時代の実際の姿であったのである。なお、この建物の背後には、海と陸地が描かれているが、伊良湖岬を神島から望むと、二つの山が連なって見える。しかしここには平坦な陸地が一つしかないことから、これは神島の西に位置する答志島と判断できる。崋山はこの燈明堂を、西側に向かって眺めたのである。

ところで、参海雑志の本文を読みすすめると、崋山が灯明山にのぼったのは、彼が神島に到着した一六日ではなく、翌日の一七日であったことが記されている。「十七日」の箇所には

灯明山に登る。この山ハ島中第一の高山にして、中腹皆松なり。この松の根ハ皆横にわ《（ママ）》しりて地に入らず。其長サ凡《およそ》十間より十四五間に及ぶべし。これハ地中皆巌《いわお》なれバなるべし。

とあって、灯明山の中腹に松の木が群落を形成し、石灰岩質の固い地質のため松の根が横に広がっていたことを伝えている。この時崋山は「磁石、遠目鏡」などを携えて検分に出かけたというが、おそらく燈明堂では、眼下に広がる伊良湖岬や三河湾に点在する島々、答志島や菅島などの離島と鳥羽湾に至る風景を観察し、その方位なども詳しく測定したはずである。外国の脅威を感じて海岸防備に関心を寄せていた崋山らしい行動である。

崋山一行は神島に上陸すると、かねて連絡をしてあった又左衛門の家を目指した。

又左衛門といえるものハ此《この》島長にて、和地の威（医）福寺より消息せしかば、此家をたどり長流

　寺といふに宿からんと、先《まず》又左衛門が家を尋ぬ。

とあるように、又左衛門は「島長」というべき有力者であった。参海雑志では別に「旧家又左衛門、三四郎」という記述もあって、彼が「三四郎」という人物と並んで、島を代表する伝統的な名家であったことがわかる。なお、この時宿泊することになった長流寺は、島の集落の奥まったところにある山麓に位置した寺で、現在文化財収蔵庫が所在する高台がその場所にあたる。桂光院・海蔵寺とともに、島にあった三つの寺院のうちの一つである。

　この又左衛門については、のちのちまで知られた存在で、「島の旧家としては現在郵便局長の小久保三郎治《さぶろうじ》氏の梅屋、小久保猶左門《(ママ)》氏の柏屋、小久保又左門《(ママ)》氏の井筒屋である」（倉田正邦「神島の覚書」）と書かれている。おそらく「又左門」は「又左衛門」の誤記であるが、その家は明治になってから小久保姓を名乗り、井筒屋の屋号で呼ばれたことがわかる。「三四郎」が寺田三四郎を指すことは、「神島調査概報」を紹介して先に書いた。

　このほか、文化財収蔵庫に所蔵された嘉永二年（一八四九）の村絵図にも、その紙背に「庄屋　三郎治、同　又左衛門」とあって、この二人が江戸時代末期に庄屋を務めていたことがわかる。他方で、明治二二年（一八八九）に神島は神島村となって近代の行政組織に組み込まれたが、その初代村長には小久保又左衛門が、三代目として小久保三郎治（明治四〇年）がそれぞれ就任している。ちなみに二代目は、柏屋の屋号を持ったと思われる小久保猶右衛門（明治二五年）であった（鳥羽市史編さん室編『鳥羽市史』下巻、一二一一五頁）。もちろん、崋山が神島を訪れたときの「又左衛門」と初代村長の小久保又左衛門は、時間的に六〇年近くも年月が隔たっており、両者が同一人物であったとは考えられない。しかし、以前述べたように、長く郵便局長をつとめた小久保三郎治家では代々当主が「三郎治」を名乗り、家を継いできたとのことである。おそらく「又左衛門」の家でも代々の当主が同じ名を名乗り、その地位を継承してきたのであろう。ある意味で神島では、近世の庄屋の地位が、そのまま近代にもかたちを変えて生き続けたのである。

さて、倉田正邦氏の文章では、先の文に続けて「この三軒が島の親方のように言われていたが、それといって、島民の階層があったとは考え難い」と述べ、島の旧家の権力がさほど大きくなかったことを書き加えている。しかしこの点について、崋山の印象はかなりちがっていたようである。参海雑志には、又左衛門について次のように記されているからである。

> この島にて三四郎、又左衛門といへるは、網船の主にて元〆《もとじめ》といふものなり。先祖より遠沖に漁することを禁じ、島の長としてたゞ猟の売買をなし、尾勢志紀参に往来して諸物を交易せるのミなり。島人もこの二家を尊《たっと》む事、実《まこと》に君臣の如し。

すなわちこの二家は、島民にとって元締めないしは「島の長」であって、その関係は「君臣」のようであったというのである。儒教の概念では君主と臣下ということになろうが、崋山が親しんだ武家社会でいえば主君と家臣の関係に相当する。おそらく崋山には、又左衛門が島の中で主君のような存在に思えたのである。

またこの文章では、旧家が自身では漁業に従事することなく、尾張・伊勢・志摩・紀伊・三河などと往来して、漁獲を売買したり島に不足するものを交易したりして、外部との交渉を独占していたことが書かれている点が興味深い。「先祖より遠沖に漁することを禁じ」とあるのも、島民に対して個別の交易を禁じたものと解釈できそうである。ここには外部との交渉を集約し、それによって独占的な地位を保った旧家のあり方が示されている。

また、このことと関係して、又左衛門の次のような行動も注目される。神島に着いた翌日の一七日、又左衛門は崋山一行の世話を弟の又右衛門に任せ、「人別帳」を届けるために城のある鳥羽に出向いている。

又右衛門出《い》できたり云《いわく》、兄又左衛門ハ人別帳を調《ととの》ひてあさまだきに鳥羽の役所に行たる。御客様のご機嫌よきよふにもてなし奉れとて出《いで》たり。

「人別帳」のような帳簿は、常識的に考えると使者を派遣して鳥羽役所に届けさせれば十分に思える。まして、神島と鳥羽の間には危険をともなう海を渡っていかなければならない。しかしそれにもかかわらず、又左衛門本人が鳥羽に出向き、人別帳を届けたのである。ここには、共同体と外部権力との交渉において、その有力者が直接対面しなければならなかった近世政治の一面が垣間見える。

さらに、彼の地位に関しては、次のような文章がある。崋山一行が四月一七日、彼の弟である又右衛門に従って家を出ると、浜において次のような光景を目にした。

こは辰の下る頃巳に近し。浜辺に漁の船帰れりといふ。行《いき》て見るに皆又右衛門が船なり。又右衛門が妻もむすめもむらかれるあまの中にまじはりて網より魚を捕え出し、又網を乾し収めなど、まめまめしくす。

巳の刻、すなわち午前一〇時前に浜辺に出ると、ちょうど漁に出た船が帰港したところだったが、それらはすべて又右衛門の漁船であったというのである。又右衛門の家は、「網船の主」として、こうした漁船を数多く所有していたことがわかる。もっとも、陸揚げした船には、彼の妻や娘もかけつけて片付けをしたというのだから、その関係はどこか家族的で、主君と家臣という厳然たる関係ではなかったのかもしれない。倉田氏が「島民の階層があったとは考え難い」と述べたのは、あるいはこういう一面を指したのだろうか。

なお、参海雑志には「船をアクル（上ぐる）図」と題した写生画が一点含まれている（『渡辺崋山集』第6巻、一二〇頁）。幅の狭い船を上半身裸の女性が四人で浜に引きあげているが、これはおそらくこの時に見た光景を描いたものであろう。女性が半裸であることは、彼らがこの船で磯に出、海女漁をしてきたことを示すのだろうか（図19参照）。

第2節　施設と景観

ところで、崋山一行が上陸した文章を載せるページには、「八代明神、伊勢宮八皇子」と題した神社本殿の写生画が掲載されている（図24）。現在、島には神社としては八代神社だけが存在しているが、これがその本殿を示すことは間違いない。図では、桁行の柱間はよく見えないが、梁行は一間、屋根は板葺のようで、三本の鰹木を載せ、屋根の両端には千木も作られている。さらに、棟持ち柱も妻の外側に作られていて、伊勢神宮の神明造を意識した正統的な建築様式が守られている。ただし、正面にあるはずの扉がどうなっていたのかは、この図では見ることができない。その代わりに、柱間一間分の棚のようなものが社殿の前面に付けられ、それを庇がおおっている。棚には、板のようなものが重ねて立てかけられているが、あるいは豊漁を願った絵馬などが奉納されているのだろうか。さらに庇の下には注連縄のようなものがつるされている様子もうかがうことができる。

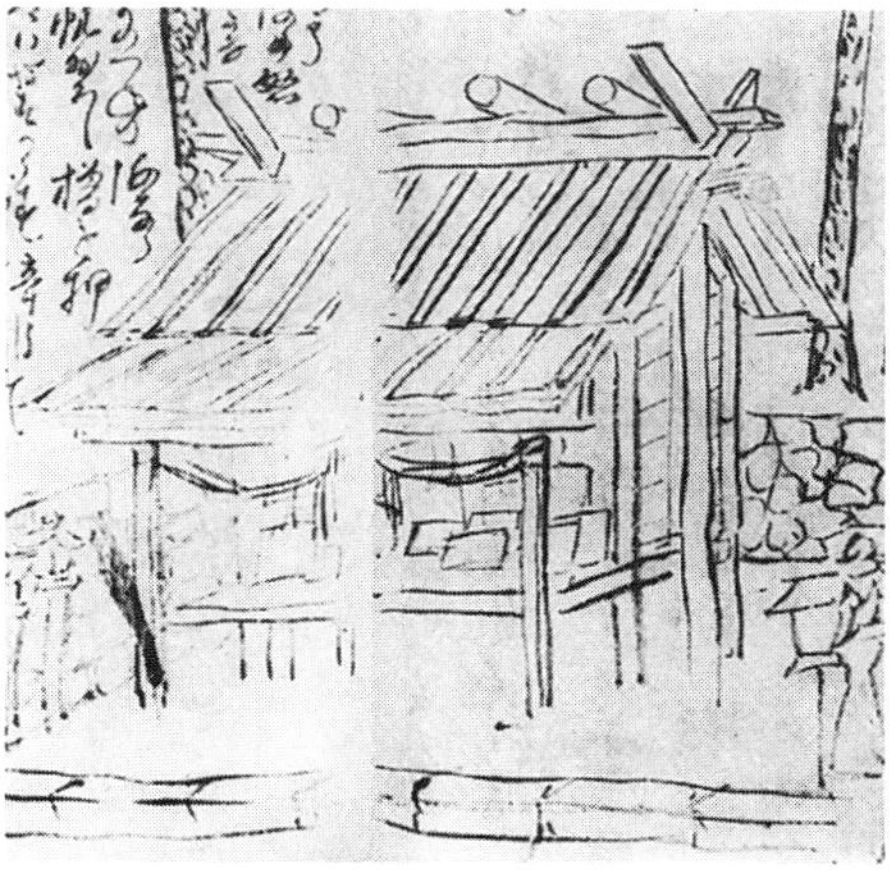

図24　八代神社（参海雑志）

一方、地面の方に目を転ずると、礎石がなく、柱が直接地中に埋まっていて、掘立柱構造であったことがわかる。また、周囲を石垣が取り囲んで神域を形成しており、左右には燈炉が建てられている。これまで江戸時代の八代神社については、嘉永二年の神島村絵図（図25）や徳川林政史研究所所蔵の近世絵図（図26）にその姿が描かれている。前者には社殿は描かれていないが、鳥居を設け松林に囲まれていたことがわかる。後者は写実的な画風だが、屋根の勾配は緩く、神明造の雰囲気は伝わってこない。

図25

図26

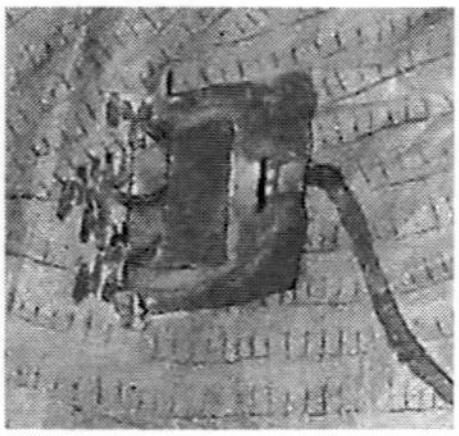
図27

図27は明治五年地引絵図の記載で、社殿の描画はないものの、方形の敷地が確保され、その中に長方形の社殿が作られているほか、鳥居と神社の後方の松林が見てとれる。ただこれらの描写はあまりに簡略で、詳細な情報を読み取ることは難しい。それに比べると崋山の写生画は正確で、実際の社殿が神明造の様式にのっとった、立派な建築であることがよくわかる。

ところで、参海雑志には、「八代明神」について次のようなメモ書き風の記述も残されている。

ヤツシロ明神二十一年メ遷宮、伊勢御神とは前一年チガヒ也。

すなわちここでは、伊勢神宮と同じように、二〇年に一度の遷宮が行われ、それが神宮より一年遅れて実施されたというのである。また、別の箇所には「神主新太郎、新三郎、これは婦夫《（ママ）》長命なる人ニ給金せり」という記述もみえる。神島で神主が在任した神社として考えられるのはこの八代明神くらいなので、新太郎・新三郎の二人は、同社の神主であった可能性が高い。また後段は、夫婦そろって長生きした者に祝い金を与えるような風習を記したものだろう。他に関連する記載がないために、その内容についてははっきりしない。

このほか、八代明神に関しては、先に述べたように、天明四年（一七八四）及び天保一五年（一八四四）の神社造替に関する記録が残され、それが文化財収蔵庫に保管されている。「大明神造宮控帳」と題された文書がそれで、このうち天保一五年のものは、表紙に帳簿の作成と造替の責任者である「宿本　徳三郎」の名前が記され、以下、施行の進捗状況と予算の出納が記録されている。内容はきわめて多岐にわたるが、施行は三月一一日に斧立（よきたて）、五月一一日に「御棟上」「御つち打」が行われ、五月一五日に「御神入」の儀が執りおこなわれている。造営の開始からおよそ二ヶ月で神入れ、すなわち神を社殿に迎え入れる儀式が実施され、遷宮は完了したのである。この時の文書には、末尾に「庄屋　三郎治、同　又左衛門」の署名が書かれており、ここにも三郎治と又左衛門の二人が登場する。崋山が又左衛門の家を訪ねたのはこれより一〇年余り前のことであったが、おそらく二人の又左衛門は同じ人物である可能性が高い。

現在の八代神社は、崋山の写生図とよく似ており、ほぼ江戸時代の原形をとどめているように見受けられる。ただ、周囲が瑞籬で囲まれているために、内部の様子はほとんどうかがうことができない。しかし外側から観察すると、千木・鰹木や棟持ち柱が確認でき、神明造の基本は変わっていないようである。ただ、鰹木が三本から四本に増えており、全体のバランスが変わっていないとすると、社殿全体はいくぶん大きくなっているのかもしれない。また、屋根は金属板で葺かれるようになり、社殿の正面には新たに覆屋が付属するようになった。形式としては、現存する伊勢神宮の正殿にいっそう近くなったのである。加えて、社殿の手前には拝殿が新しく造営され、絵馬や寄進札はここに飾られている。こうしたことからすると、現在の八代神社は、江戸末期のそれと比べ、はるかに立派なものに姿を変えたことがわかる。

なお補足しておくと、参海雑志では「八代明神」の語を使用しているが、現代の八代神社とどのような関係にあったのだろう。大正一五年（一九二六）に成立した三重神職会編『三重県神社誌』第4巻によると、八代神社は明治六年（一八七三）に神島村の村社となり、その後明治四〇年（一九〇七）、村内の八幡神社をはじめとして、綿津見命以下六神と不祥九座を合祀し、ここに八代神社と単称するようになったとされる（国立国会図書館デジタルコレクション）。現在の八代神社はこの時に成立したことになるが、おそらく村社となった明治六年には八代神社という名称が定着していたものと思われる。これに対し、江戸時代の村絵図や文献資料には単に明神と記すことが圧倒的に多い。参海雑志に使用された八代明神という言葉も、そうした江戸時代の呼称に由来している。なお、『三重県神社誌』の記述によると、境内には本殿のほか、拝殿、瑞籬、鳥居、参籠舎《さんろう》、燈籠が存在したとされ、今日の八代神社の施設は、ほぼこの時期には整えられていたことがわかる。

神島の家々が島の北西に広がる狭い平坦地に集中し、現在でも住居が密集した独特の景観を見せていることは、これまでくり返し紹介した。峯山もその光景には強い印象を受けたようで、いくつかの記述を残している。

一足を置《お》くべき平地なければ、谷のあはひより磯辺にかけて人家所せうたてならべ、凡百軒もあるべし。常風《つねに》の憂《うれい》あれば皆瓦屋根にして、ひとつも草をもてせるはなし。又左衛門ハ奥のかたに家居ありて、予が到りしにおどろきたる体《てい》なり。

これによると、神島の住居は強風に備え、すべて瓦葺きであったことが記されている。また、平地が少なく、そのため住居は所狭しと密集して建っていた。文中には「谷のあわひより磯辺にかけて」とあるが、そのうち「谷のあわひ」という表現がわかりにくい。「あわい」は間ということなので、文字どおり解すれば「谷の間」ということになる。たしかに神島には山から二本の谷川（水流）が海へ流れ込んでいて、それを念頭におくと、「二つの谷川の中間」と解することもできる。しかし、実際の神島の集落は尾根筋を避け、この谷川の両側に広がるわずかな平坦地に展開している。したがって「谷のあわひ」とは、さほど厳密な意味はなく、谷間というほどの意味になろう。

さて、ここには人家がおよそ百軒であることも記されているが、参海雑志には別に「〇神島家数百二十ケン　〇船七、八十」という記載があって、数字としては、こちらの方が正確なものであったと考えられる。これは天保年間における貴重な統計であるが、崋山が訪れた又左衛門の家は、それらの住居のうち、浜辺でなく、そこから山の方向に入った場所にあった。その場所は今も島民の間に伝えられている（後述）。

参海雑志には、こうした集落の様子を描いた写生画が一点だけ残されている。図28がそれで、手前

図28　神島集落図（参海雑志）

には浜辺の平坦地が広がり、その奥には密集した家の屋根が重なり、さらにその背後には山の斜面が迫っている。ところどころに松の木が描かれているが、逆にいえば、それ以外の場所には大きな樹木がなかったことも読み取れよう。

　これに対し、海辺の平坦地に目を転ずると、そこには全部で一〇人の人が描かれている。このうち右側には、二人の子供がおとな二人に付き従っている様子が見えるが、着衣から判断しておとなは女性であり、おそらく母と子の姿を描いたものと思われる。一方、中央の三人は頭髪の形や足をむき出しにしていることから判断して、男性である。そのうちの一人は、長い棒のようなものを手に持っているが、漁具だとすれば釣り竿に相当するのであろうか。ただ、参海雑志には、「稚海布（わかめ）を取る道具」として、長い竿の先に三つ叉の松の木を取り付けた漁具を描いている。「また稚海草《わかめ》を採ル。これハ船にてハ長き竹に三叉の松の枝を結びつけたるものにてからめてあぐる也」と書いてあるように、それによって船に乗ったまま海中のワカメを絡めとったのである。図の中の釣り竿のようなものは、あるいはこの道具を示しているのかもしれない。これを持った三人は海の方向に歩いているので、これから漁に向かうところだろうか。これに対し、左側の三人は、膝下まである着衣や頭髪から見て、女性と判断される。そのうちの一人は何かを背負っており、わかめなどの漁獲を入れたものか、燃料となる粗朶を運んでいるものと推測される。集落の方向に歩いていることから見て、漁を終えて帰ったところなのだろう。

このように、ここには浜辺を往来する多数の人物が描かれ、この場所が島民の行き交う場所であったことが示唆されている。

ところで、これらの人物は、真正面ではなく、やや上からの視点で描かれていることが注目される。家の大きさに比べて人物の大きさがやや小さいようにもみえ、両者はバランスを欠いているような印象も与えるが、それとは別に、平坦地に面した家についても、戸口の上にかかった軒先の全体がはっきり描写されていて、制作者の視点はちょうど屋根の高さあたりにあったことがわかる。

絵画にはある種のフィクションがつきもので、この場合にも目の前の風景を思いのままに描いたのかもしれない。しかし、参海雑志に収録された絵画はいずれもきわめて写実的で、この場合も、ある場所から見た実際の風景を忠実に写しとったものと想定される。崋山は、浜を見おろすことができるやや高い視点からこの写生画を描いたのである。現在は、海岸の沖合に堅固な防波堤が築かれ、その上に立てばこうした風景を見ることができるかもしれないが、防波堤のないこの時代、海側からそうした視点を確保することはむつかしい。そのようなことが可能な場所としては、ただ一つ、浜の東側で神島の北端にある高台が想定できるだけである。かつてオーカ（丘）と呼ばれ、現在は「伊良湖の見える丘」という名前の展望台になっている場所である。

参海雑志によると、崋山は四月一七日の早朝に、島の東側にある大きな岩によじ登り、そこから朝日が昇る光景を見て感銘をうけているが、先の高台は集落とこの岩とのちょうど中間に位置している。おそらく彼はこの日の朝、漁から帰りあるいは漁に出かける島民の姿を浜で目にしたのであろう。

では、ここに描かれた集落や浜辺は、具体的にどの場所に相当するのだろうか。その手がかりとなりそうなのは、まず写生画（図28）の右端―図のAの付近―に描かれた水流である。ここには石垣で護岸がなされた水流があり、その上に橋が架かっている様子も認められる。先にも少しふれたが、神島の集落が密集した地域には二本の谷川が流れていたが、この水流はそのどちらかであったことになる。この写生画が描かれてからおよそ四〇年後に製作された明治五年の地引絵図では、右側（西）の水流が海に対して垂直に流れ込んでいるのに対し、左側（東）の水流は、斜行しながら浜辺を横切っている様子がうかがえる（図29）。右側の水流は南セコと中セコの、左側の水流は中セコと東セコの境界となっていたが、地引絵図から判断すると、写生画の水流は右側（西）の谷川に相当する可能性が高い。

この谷川には、それに沿って道が形成され、浜と山を結びつける神島の中心的な道となっていた。現在、時計台が設置されている道である。小説『潮騒』の「村の中央の道」で、実際、現地の人の間でもここを「中の通り」と呼ぶことがあるようで、文字どおり村の中でもっとも人通りの多い道であった。また、写生画では、水流が海にそそぐあたりから急に土地が低くなっており、段差のある地形が描かれていることも注目される。このあたりを地引絵図の記載と照合すると、絵図では平坦地を「船入場」とし、それより海側の場所を「濱」（以下現行の漢字表記にしたがって「浜」で統一する）として、それぞれ指定した色が付けられ表現されている（図29参照）。家屋が建ち並ぶ平坦地に対し、そこから一段下がったところから砂浜が始まって海に続いていたのである。現在では、この砂浜の斜面をコンクリー

図29　明治初年地引絵図（部分）

トで固め、そこに船を陸揚げしている。しかし防波堤のなかった江戸時代から明治時代にかけては、斜面になった砂浜に船を置いておけば、いつ波にさらわれるかわからない。当時としては、平坦地まで船を揚げることではじめて安全が確保できたのであり、だからこそそこが「船入場」と称されるようになったのだろう。

ところで、写生画（図28）の平坦地については、谷川からまっすぐ伸びたのち、急激なカーブを描いて海側にせり出していることがわかる。今あらためてこの場所を図29の地引絵図で見ると、たしかに谷川の左側で船入場が大きく海側にふくらんでいる様子が見てとれ、この写生画と符合していることに気づく。

現在海に面したこの平坦地には、海岸に沿って幅約八メートルの舗装道路が作られていて、海岸付近の形状は大きく変わっている。また、谷川にしても、上流にダムと呼ばれる貯水池が出来たため水量が減り、ほとんどの場所が暗渠となり、あるいは道路の下に姿を隠して、谷川はほとんど地表から姿を消している。図31は、一九八五年に畑聰一氏が作成したこの付近の実測図であるが、谷川は見えず、海側の埋め立てもすすんで、そこにいくつか建物が並ぶようになっている。ただ、現地に行って暗渠をたどってみると、図の漁協の建物のすぐ右側にかつての谷川が流れていたことは明らかである。漁協と道路をはさんだ反対側には山に向かう小径が描かれているが、ここが「村の中央の道」にあたり、かつてはこの道に沿って南セコと中セコの境界を形成する谷川が流れていたのである。

こうした舗装道路は、何も問題がなければ直線道路を作る方が合理的である。しかし図31を見れば

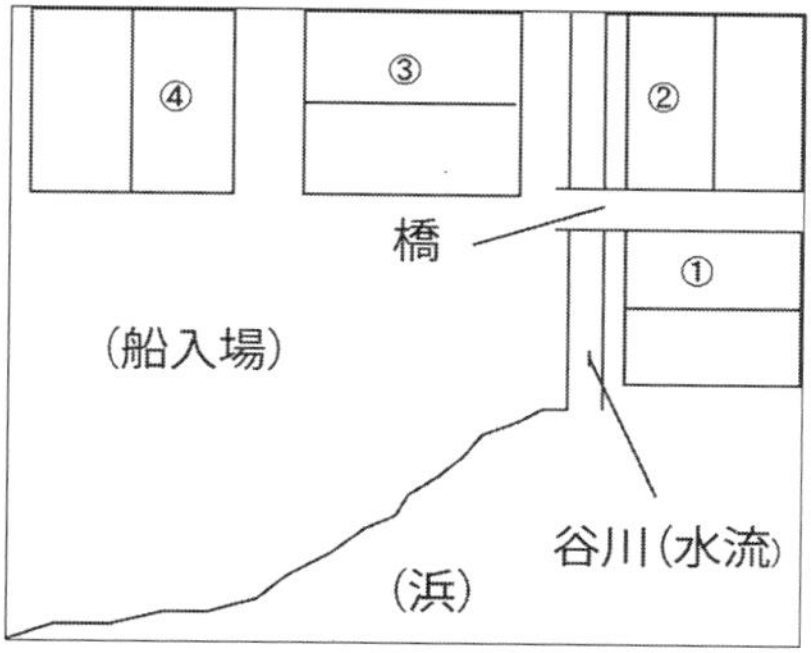

図30　写生画概念図

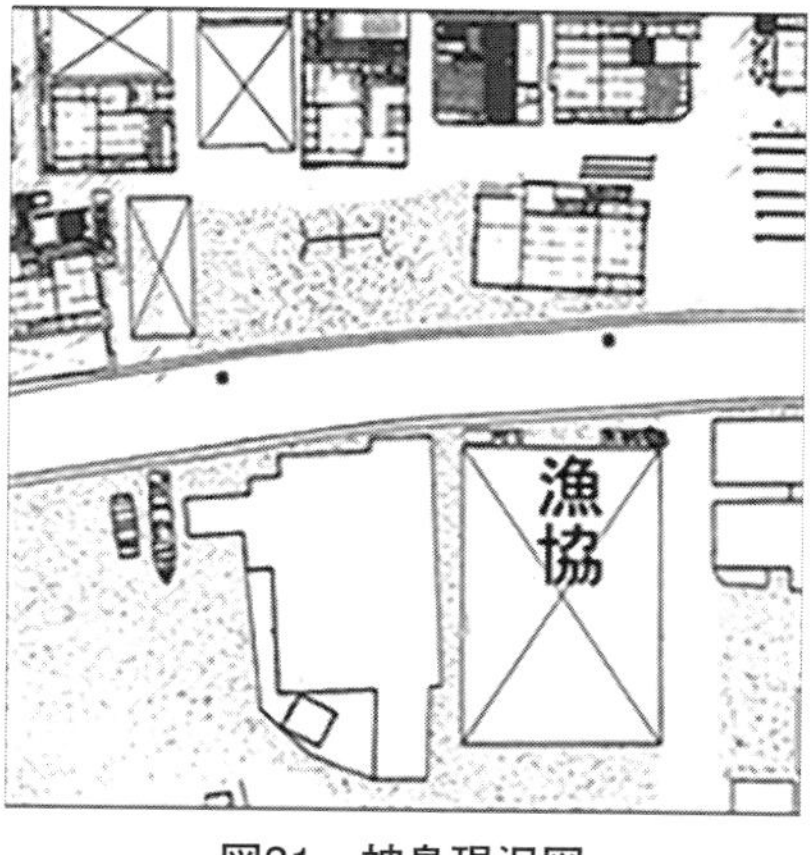

図31　神島現況図

わかるように、この道路は微妙な曲線を描いている。おそらくこれは、かつての平坦地（船入場）の地形に沿って道路が作られた結果であろう。写生画の道路の形状は、ちょうど地引絵図の船入場と同じ場所で、同じような曲線を描いているからである。現在の地形は、かつての平坦地の縁に沿って舗装道路が敷設されたと思われ、それより海側が海に続く斜面となっているのである。

その道路の海側には、鉄筋コンクリート製で二階建ての漁協が作られているが、ここは造成工事を行い、道路と同じ高さの平坦地を確保してその上に建設されたものである。これを手はじめとして、かつての平坦地（船入場）は海側に拡張され、埋め立てが進んで次々に大型の建物が作られるようになった。

さて、以上のことから判断して、崋山の写生画は、村の中央を流れる谷川の左側（西）に広がった平坦地を描いたものであることが確実になった。あらためてこの図を見ると、建物はすべて平屋で、二階屋と確認できる建物は一つも見あたらない。屋根は板葺のように見えるが、本文にあるとおり、すべて瓦屋根を表現したものとみて差し支えない。一方、壁はすべて板がはられ、下見板張りの形式になっている。場所によって部材の大小に違いはあるものの、板壁である。

また、左手奥にはやや高い場所にひときわ大きな瓦屋根をもつ寺院風の建物が描かれているが（図28のB）、これはその位置から判断すると、長流寺に相当しよう。崋山一行が宿泊した寺である。反対に、右手の高い場所には、石垣の上に二棟の家屋が建っているが、このうち右側のものは向拝のような屋根が描かれ、寺院を思わせる（図28のC）。はっきりとはしないが、もしそうであれば、この建物は桂光院を示している。

このようにみると、崋山がこの場所を選んだのは、村の最も繁華な場所であり、寺も見渡せる、村の中心部であったことによるものと思われる。

現在、浜の東側の高台からこの写生画に描かれた場所を見ると、手前に三階建ての商店が建ち並んで視界が遮られ、そのために山側の景観を直接見ることはできない。正面には漁協の建物が、その向かい側には道路をはさんで介護施設が作られているが、おそらくここは、江戸時代には建物のなかった場所である。そのためか、かつての広場のような感じは薄れ、現在では道路の存在がひときわ目立つようになった。

浜から山にかけて広がる一般の家々も、多くが二階屋、三階屋になり、見通しがきかなくなったため、集落全体を見渡すことができなくなっている。谷川も多くの場所が暗渠となって道と一体化したため、島民がその存在を意識することも少なくなったはずである。八代神社と桂光院は今も存在するが、燈明堂は廃され、長流寺や海蔵寺も廃寺となって、現在はかつての場所をかろうじて確認できるにすぎない。

図32　高台から望んだ景観

しかし、崋山が注目した弁天岬の岩肌は今も変わらず、上陸した古里の浜も、テトラポットがおかれて風情はなくなったが、今もそのままの姿を伝えている。個々の家も大型化が進み、新建材を使った現代風のデザインの住宅が目立つようになったが、路地のような細い道や狭い宅地のありようは、明治初年の地引絵図と一致するところが少なくない。近世に形成された集落の原型は、今も確実に神島の中に生き続けているといえる。

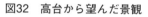

これまで、渡辺崋山に関しては、江戸時代を代表する知識人として多くの研究がなされてきた。また、神島についても、はじめにも述べたように、現代の社会調査が実施され、民俗学的調査もくり返し行われて、貴重な記録が残されるようになった。数は少ないながらも、近世にさかのぼる研究も蓄積されている。ただし崋山の研究と神島に対する知識の蓄積は関係なく実施され、両者の知見が交差することはほとんどなかったといってよい。しかし、崋山の写生画と紀行文を知ることで、近世の神島についての知識は、より豊富になったのではないだろうか。それは、文献資料や村絵図でしか知ることができなかった神島の実態を、より立体的に理解することを可能としたのである。一方で、崋山の紀行文と写生画が、当時の実態を正確にとらえていることも確認された。わずか一泊二日の行程であったが、彼は島をくまなく歩き、その風景や建物を的確に描写したのであって、その行動力と探究心には目を見張るものがある。こうした事実を知ることは、渡辺崋山という人物を理解するのにも、少しは役立つだろうか。

第五章　神島の家と集落

第1節　住まいと建築

神島の港は、太平洋からの強風を避けるために島の北岸に設けられているが、集落も港に面し、島の北側の斜面に集中して立地している。個々の住宅の規模は小さく、また平坦部の面積がきわめて狭いために、家々が高い密度で集まっている。海面から見た、島の斜面に何重にも重なって家が建ちならぶ様子は、さながら屏風絵を見るかのようである。一般に農村では、個々の家が分散して立地し、その周囲には田畑が作られるが、神島の様相はそれと対照的で、都市・都会を思わせる景観でもある。事実、海に面して住宅が密集するあり方は、瀬戸内海沿岸の港町にも共通しているが、しかしその内容はかなり違っている。

小説『潮騒』には、神島の住宅の様相を次のように書いている。

宮田照吉は村でも屈指の金持である。尤もその家は新築というだけで、別段まわりの家並みから甍が聳え立っているというほどでもない。家には門もなく石塀もない。入り口の左側に厠の汲取口が、右側に厨の窓が同じ資格を堂々と主張して、丁度雛壇の左大臣右大臣といった風に対に座を占めているところも他と変りがない。ただ斜面に建てられているために、物置に使われている堅固な地下室がいかにも頼もしく家を支え、地下室の窓は小道のかたわらすれすれのところにあいている。

（『潮騒』第十二章）

すなわち、神島の住宅は、いかに富裕であっても「石塀」さえなかったことをあげ、島の住居が総じて質素なものであったことや、玄関の左側に便所を、右側に台所を配置する形式が一般的であったことを記している。実際、現在の神島でも、門構えをもつ家は例外的で、大半の家は玄関を直接細い道に開き、いわゆる屋敷構えを持つことがない。図33は神島の中央の道に面して建っている家であるが、瓦葺きで総二階の建物、一階部分にも庇が付けられているが、玄関は直接道に向いてつくられ、屋敷を囲う塀や庭はない。外壁は下見板張りで、目立つこげ茶色の塗装が施されている。コンクリート製の頑丈な土台には、地面すれすれに窓が開かれ、ここが地下室として使われていることを示している。ここは漁具などの物置として使われているらしいが、煙突が見えるのは、風呂場が設けられているのだろうか。このような三階建ての建物が、現在は島のあちこちに建っている。

では、家の内部の構成はどのようになっているのだろうか。先に紹介した『志摩の民俗』には、第二章３項として「住居の構造と景観」の項目が立てられ、「漁村の間取り（１）」として神島の住宅間取り図が掲載されている。しかしここでは、志摩半島全体の住宅を対象としているため、神島につい

図33　神島の住宅

ては事例の紹介にとどまり、十分な検討はなされていない。これ以降も現在まで、民俗学的研究では、住居そのものに対する関心はきわめて小さいといえる。

このような状況の中で、建築学の畑聰一氏が島の建築について詳細な検討を加え、現在でもそれが貴重な基本的成果となっている。畑氏は次の三つの研究、すなわち①「漁村住宅の高密度居住形態に関する研究（その1漁村住宅の実態）」（『住宅建築研究所報』七号、一九八〇年）、②「漁村住宅の高密度居住形態に関する研究（その2高密度居住の構造）」（同八号、一九八一年）、③『共同性に基づく離島集落の再生手法に関する研究』（科学研究費補助金研究成果報告書、二〇〇二年）の三つの論考によって、伊勢湾沿岸の離島集落に関する総合的分析を進めたのである。そこで対象とされたのは、神島のほか、愛知県の日間賀島西里・篠島、三重県の菅島・答志島桃取・答志島和具・答志島答志、坂手島の、六島八集落である。いずれも昭和五〇年（一九七五）から五五年（一九八〇）にかけて実測調査がなされ、また答志島については、それ以降も調査が継続され、その成果が③の中にも収録されてい

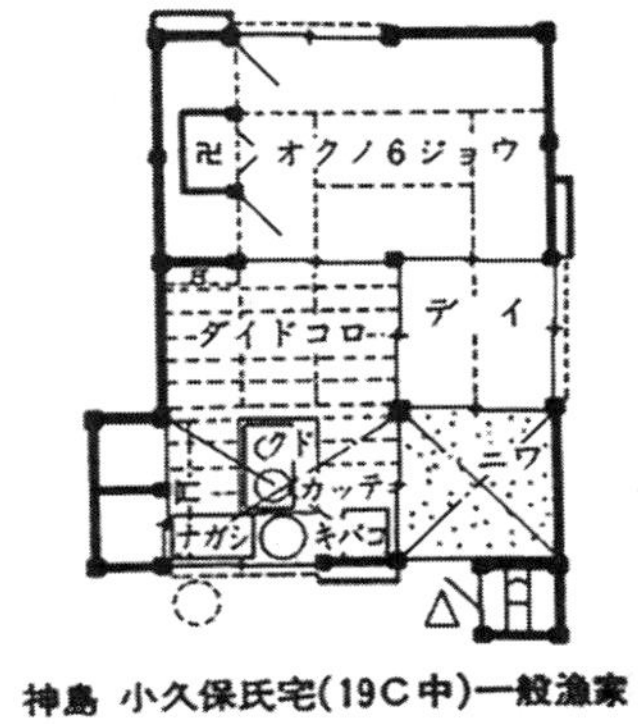

図35　神島住宅（畑1980より）

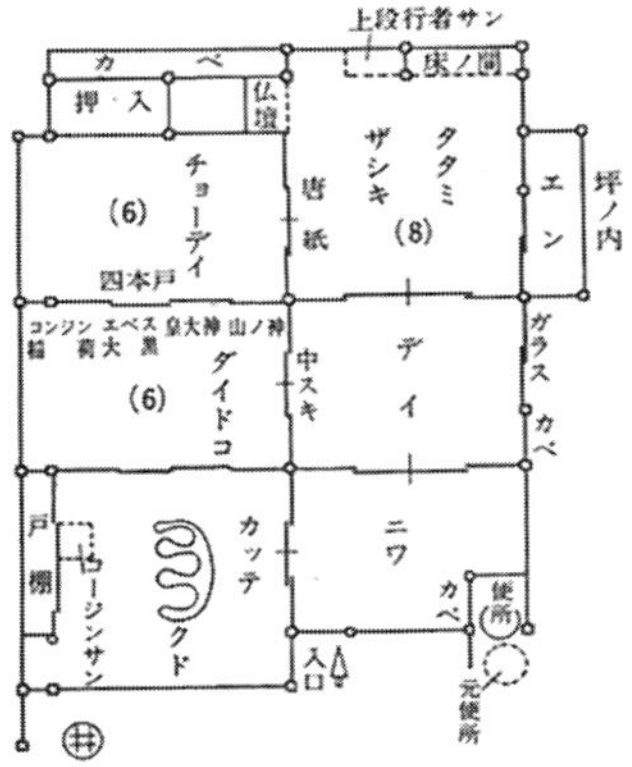

図34　神島住宅（網元）（『志摩の民俗』より）

る。

　このうち、①では対照的な様相を示す神島と日間賀島を基本として、八つの集落の住宅の間取りを中心とした分析が加えられた。また②では、実態調査に基づき、集落全体の集合性がどのように形成されたのかを明らかにし、高密度住宅の「計画モデル」構築が目指されている。さらに③には、それまでの実測図の成果が図版として収録されているが、これによって、迷路のように見える神島のセコミチが正確に図面に写され、あわせて、住居の位置ばかりかその詳細な間取りまでが一枚の画面の中で見られるようになったのである。

　さて、畑氏が取りあげた住宅の間取りについてみると、神島の住居は共通して次のような要素から構成されていた。図34は江戸時代創建の庄屋（大元）宅で、神島の中では比較的規模の大きな住宅であるが、長方形の全体的区画に二本の中柱《なかばしら》を建て、六つの空間によって構成されている。玄関から入った順番にその要素を挙げると、次のようにまとめることができる。

（1）ニワ…ニワとは入り口に設けられた土間部分を指す。ニワに対面して、左側に厠を、右側にカッテを配置するのが一般的で、「左カワヤに右カッテ」との慣用句も用いられる。神島に限らず志摩地方では、これに反する配置（左カッテ）は縁起が悪いものとされたが、敷地の広い日間賀島ではほぼすべてこの禁忌が守られているのに対し、神島では一二七の調査例のうち、四一例が左カッテの配置を示している。これは、狭い敷地のため、周辺住居との関係や地形が原因で、左右が逆転する例が少なくなかったことを意味している。図34も左カッテの一例であるが、おそらくは、開口部をどの方向に確保するかによってカッテの左右が決定されたのであろう。

（2）カッテとダイドコ…カッテは板間、ダイドコは板畳にするのが一般的で、どちらか一方に芋壷《いもつぼ》を設けた。カッテ（勝手）には中央部に二つ穴のクドを設けて煮炊きを行い、また水場となる「流し」を置いて、炊事のための施設が配置されている。これに対し、ダイドコ（台所）は食膳のための台を据える場所というのが原義で、食事を摂る家族団らんの場でもあった。図34の例では、ダイドコの北側に、荒神稲荷、漁業の神である「エベス大黒」、皇太神（伊勢神宮）、山ノ神をまつる神棚が作られていて、現代風に言えば「居間」としての性格が強い。隣近所との日常的な接客は、居間の性格も備えたカッテやダイドコで行われた。

（3）ザシキ…ダイドコの奥にある居室で、すべて畳が敷かれる。図34では、ザシキ、チョウデと呼ばれる部屋があり、床の間や仏壇が置かれた。主人の寝間となる、家の中でもっとも格式の高い空間である。またその手前に、デイと呼ばれる部屋がある。デイは出居と表記するのだろうが、座敷から出た接客の場、次の間・下座敷という程度の意味となろう。

さて、図34が庄屋（大元）の住居であったのに対して、図35は明治時代の一般漁家の事例である。間口二間半、奥行三間半で、先の例と比べて規模はかなり小さい。しかし、ニワとカッテを左右に配置し、その奥に、ダイドコとオクの空間（オクノ六ジョウ、デイ）を配する構造は、基本的に庄屋の場合と変わるところがない。

この二例はいずれも明治時代の平屋建築の姿を示すものであるが、近年の事例を、畑聰一氏の調査成果のうちから紹介しておきたい。

図36は大正一一年（一九二二）に漁家として建てられた二階屋であるが、住宅の規模や一階の平面構造は明治期以来の古い形式をそのまま伝えている。北側に玄関があり、その脇に便所が置かれるとともに、部屋が二つタテに並んでいる。昭和五五年当時、ここには六〇代の親夫婦、三〇代の次男夫婦とその幼児二人、そして船員であるため家を空けることの多い長男の、三世代七人が暮らしていたが、一階Ⓒ室が親夫婦の寝室として使われたのに対し、二階ⓓ室が次男夫婦の居室となっていて、一階と二階を夫婦によって分離使用している。

こうした居住空間の使い分けは、狭小な漁村住宅に特徴的な形式であるといわれるが、一階の平面形式を見ると、一間四方のニワや、カッテ、ダイドコ、デイ、オクノ六ジョウと続く形式がよく現れ

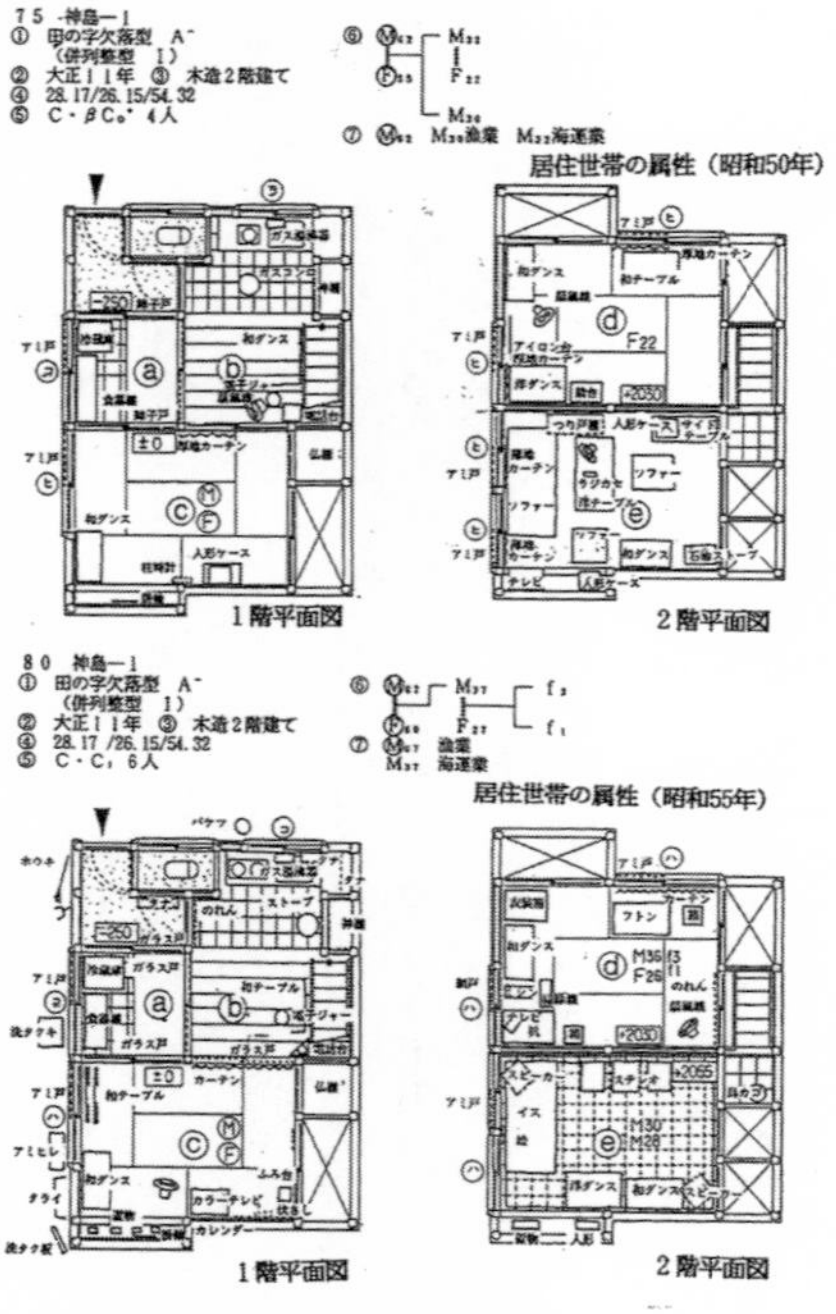

図36　神島の漁家（大正年間）（畑聰一）

ている。

しかし子細に見ると、カッテであった空間は、プロパンガスの普及によってクドが廃棄され、それに代わってガスコンロが設置されている。また、クドがあった時期には煙抜きのために吹き抜け空間を必要としたが、それが不要になったため、カッテの上部に直接二階床面を設けることが可能となった。さらに、上水道の普及によって戸外の井戸を利用することがなくなって水がめが姿を消し、代わって流し台や湯沸かし器が設置されるようになっている。一方で、デイであったと思われる部屋ⓐには冷蔵庫や食器棚が置かれ、ⓑカッテと一体的に使用されるようになった。当時、一家の食事はⓑカッテで行われ、そこはⓒに置かれたテレビを見ながらの団らんの場となっていたという。このように、電気やガス、水道の普及は、生活空間のあり方を大きく変えていったが、一方で、ⓑカッテの物入れ上部にはエビス神が祀られ、Ⓒにも仏壇が置かれ、氏神様もそこで祀られている。生活が近代化した中でも、伝統的な信仰は意外に根強く姿をとどめているのである。

以上の三つの例は、神島住宅の一例に過ぎないが、昭和五〇年（一九七五）当時でも、二階屋を作り、地下室を設けて三階屋とするなど、神島では多くの家で敷地の狭さを補う努力がなされている。ただし、『潮騒』にも描かれたように、神島では住宅地に適した平坦面が限られていたため、個々の家屋は均一的で、資産や社会的地位による差違は比較的小さかったと見てよい。また、ミチに対して直接玄関・ニワを開きそこに炊事場と便所を設ける構造は、狭い面積を有効に活用する間取りだったのであろうが、同時に、隣近所との親密な人間関係がこうした開放的な空間構成を採用させたと想像させる。昭和三〇年代まで神島では島内婚が一般的であったことは先に紹介したが、このような状態が継続すれば、親戚が島中に点在するようになるのは自然である。またそうした人間関係があったためだろうか、神島では、近所の家人が留守宅に上がり込んで勝手に漬け物を借りていくことが、ごく普通に見られたともいう。開放的な住居の構造は、こうした緊密な人間関係の一面でもあった。

しかし、住宅の建設には隣家に対してきめ細かい配慮がなされたことも事実である。すなわち、玄関や窓などの開口部を設ける場合、隣家の開口部を避ける工夫と配慮がなされていたのである。畑聰一氏の調査によれば、この点は伊勢湾離島全体に共通する特色であるが、特に住居の密集度の高い神島、答志島答志、篠島の各集落において顕著である。禁忌とされた左カッテが神島で数多く見られることも、隣家との開口部に配慮し、基本的プランを反転させた結果であると解釈できるのである。共同体的人間関係を基礎とする開放的な住空間と、個々のプライバシーを尊重した空間構成が併存する点は、神島の住宅における基本的性格といえる。

今日の常識からすると、住宅建設は個人的な営みと見なされているが、神島では昭和四〇年ころまで「出会い」の制が機能していたことが知られている。これは、家壊しあるいは家造りにあたって親戚や近隣の住人が総出でその作業を手伝う慣行のことで、小さい家なら一日で全部ができあがることもあったという（萩原秀三郎・萩原法子『神島』）。家をつくることは、元来、個人の存在を超えた集落構成員全体の作業でもあった。

家普請においては、このほか、「お大工」の存在が大きな役割を果たしたことも注意したい。伊勢湾の離島集落では、それぞれの地域のわずかな船大工が家の普請も手がけ、特定の顧客を相手として住宅の造作や補修を引き受けていた。こうした慣行の中では、間取りの決定などにおいて、施主よりも経験や知識を蓄積した大工が大きな発言力を持ったものと想像されるが、離島集落の中で共通した間取り・住居構造が普及した背景には、このような建築業者の存在があったと考えられている。

神島の住人の多くは漁家であるが、住まいを考えるとき、その比較の対象となるのは農家型の民家である。漁民と同じように自然を対象とし、それを元に生業をなり立たせるからである。しかし、農家型民家の場合、一般には門を備える、広い屋敷構えを持つのが普通で、この点で神島の住まいと大きく異なっている。また、農家型では作業を行うための作業庭をもつのが普通で、農作業の一端はそこで行われた。これに対し、神島の漁家の場合にも「作業」は行われている。漁家においても、網の補修や船の手入れをしなければならない。しかし神島では、釣りの仕掛け作りなどが、室内や家のかたわらのセコミチで行われたほか、大型の網の補修などの場合には、船の脇にテントを張り家族総出で作業を行っている。こうした光景は、どこの漁村にも見られるのであろうが、「作業庭」に相当する空間は家の敷地内ではなく、船が保管された浜辺に存在したのである。その意味で神島の住まいは、ハマと密接につながっていた。

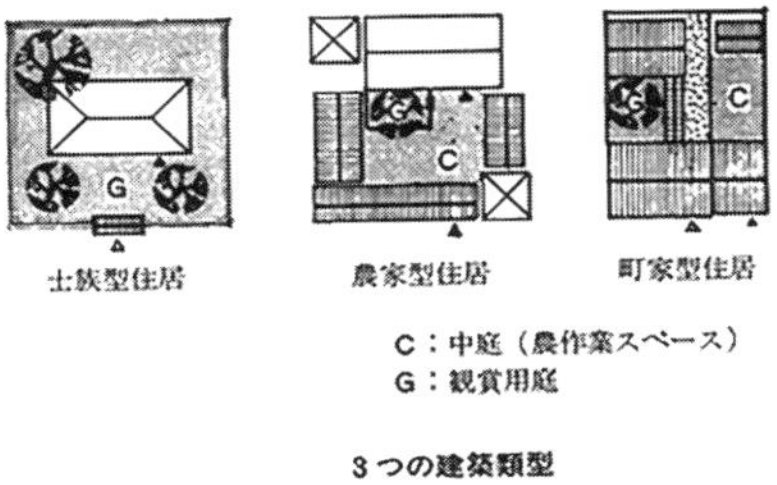

図37　大和郡山城の建築類型（東京大学工学部）

この一方で、道路に直接玄関や出入り口を設ける点は、都市に展開した町家型住居に近い。けれども、よく知られるように、町家の場合には出入り口に店舗であるミセノマを設け、炊事のための台所や寝室は住まいの奥に設置されるのが普通である。この点、玄関に台所とクドを設け、その奥にザシキや寝室を設ける神島の住まいとは、根本的に異なっている。神島では昭和四〇年代に簡易水道が普及するまでは戸外の共用井戸が利用されたとされるが、その観点からも、流しは入り口付近に作る方が実用的であった。水回りを中心とする生活空間は、外部の井戸と直接つながっていたのである（東京大学工学部建築学科稲垣研究室「大和郡山城下町における住宅地形成の解析」）。

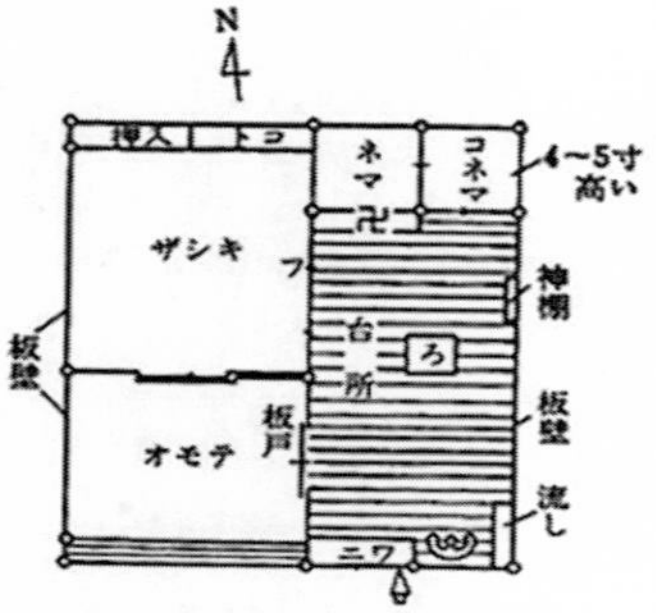

図38　漁家（大王町波切）

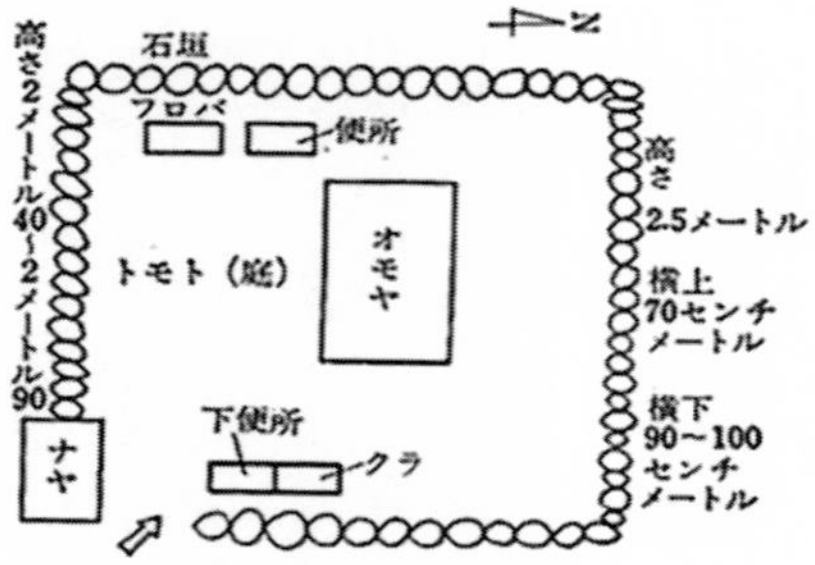

図39　屋敷配置図（大王町波切）

また、外観についても、町家が建物前面の線をそろえ、全体として統一した町並を演出したのに対し、神島の場合にはそうした意識を読み取ることはむつかしい。建物の棟の方向は家によってバラバラであり、個々の家のデザインも多様で、側壁の色も統一性がない。さらにこのことと関係して、家が道にはみ出し、そのため道路もスムーズな線を描いていない。神島の家については、家の増改築にあたり、「以前は家を建てても軒が三尺ほど出る部分は道路を考慮したが、最近では、建坪面積をぎりぎりまで増やすので、軒は公道に出てしまうという結果になってしまった」(田辺悟・田辺弥栄子『潮騒の島』)とのことである。家々は公道にはみ出し、個人の思惑によって道が侵食されるようになった。神島の住まいにはミチを中心として統一した景観を形成する発想がない。

こうした点を見てくると、神島の住居は外見的に町家型住居に似ているものの、中身はかなり違っていたことがわかる。神島の密集した家々の景観、迷路のような光景はこのようにして誕生した。ただし、こうした景観は、志摩地方の漁村すべてに共通するものではない。たとえば、『志摩の民俗』には志摩半島の大王町波切《なきり》の「漁村民家」平面図が掲出されているが(図38・39)、ここには広い家構えがあり、主屋を中心に据え、その屋敷内に風呂場や便所を配置したほか、広い庭も備えている。おそらくこれは、土地に余裕がある地方の場合で、同じ漁村であっても、答志島や菅島でもこのような光景が見いだされる。神島の実例は、漁村の中でも特に密集度の高い集落の一例であることを留意すべきかと思う。

第2節　地引絵図と現在の集落

個々の家は、それらが集まり、道で結ばれることによって集落を構成する。神島にどのような集落が形成されたのか、それを二種類の史料から概観することにしたい。まず一つは明治五年作成の地引絵図で、これは明治初頭ばかりでなく、江戸時代末期の島の具体像を伝える史料である。もう一つは、一九七五年・八五年に作成された畑聰一氏作製の実測図で、それによって現在の神島の様子を見ることができる。二つの史料はおよそ一〇〇年の時間を隔てているが、過去から現在へ、神島の集落の変遷を概観することにしたい。

神島の集落は山から海に注ぎ込む二本の谷川を境界として三つのセコに分かれていた。地元の人はセコのことを部落ともいうが、方位を基準として南セコ、中セコ、東セコの三つが存在する。ただこの呼称はあくまで正式のもので、一般にはイナミ（南セコ）、ナカブラ（中セコ）、ヒガセ（東セコ）の呼称が使用されている。三つのセコの中では南セコがもっとも世帯数が多いが、しかし地名・地番として登場することはなく、日常生活においてもほとんど意味を持たないようである。ただ、特別な祭礼の際には今でも重要な地域区分になっていて、さらに昭和四〇年頃まではセコごとに寝屋が設けられ、そこで青年団が集団生活をしたとされる。セコは個人生活の比重が高まるとともに、次第に存在意義を薄めていった。

ところで、先にも述べたように、維新直後の集落の詳細を伝えるのが、明治五年作成の地引絵図である。これは小久保三郎治氏の家に伝わった絵図で、同家は代々当主が三郎治を名乗り、幕末には庄屋を務めたことが確認されるほか、近代に入っても戸長や村長を務めていた。絵図閲覧の機会を与えていただいた三郎治氏も、長年郵便局長を務めていたとのことである。また三郎治家は、小久保又左衛門、小久保猶右衛門、寺田三四郎等の家とともに島の「大元」とされ、その地位は江戸時代以来島

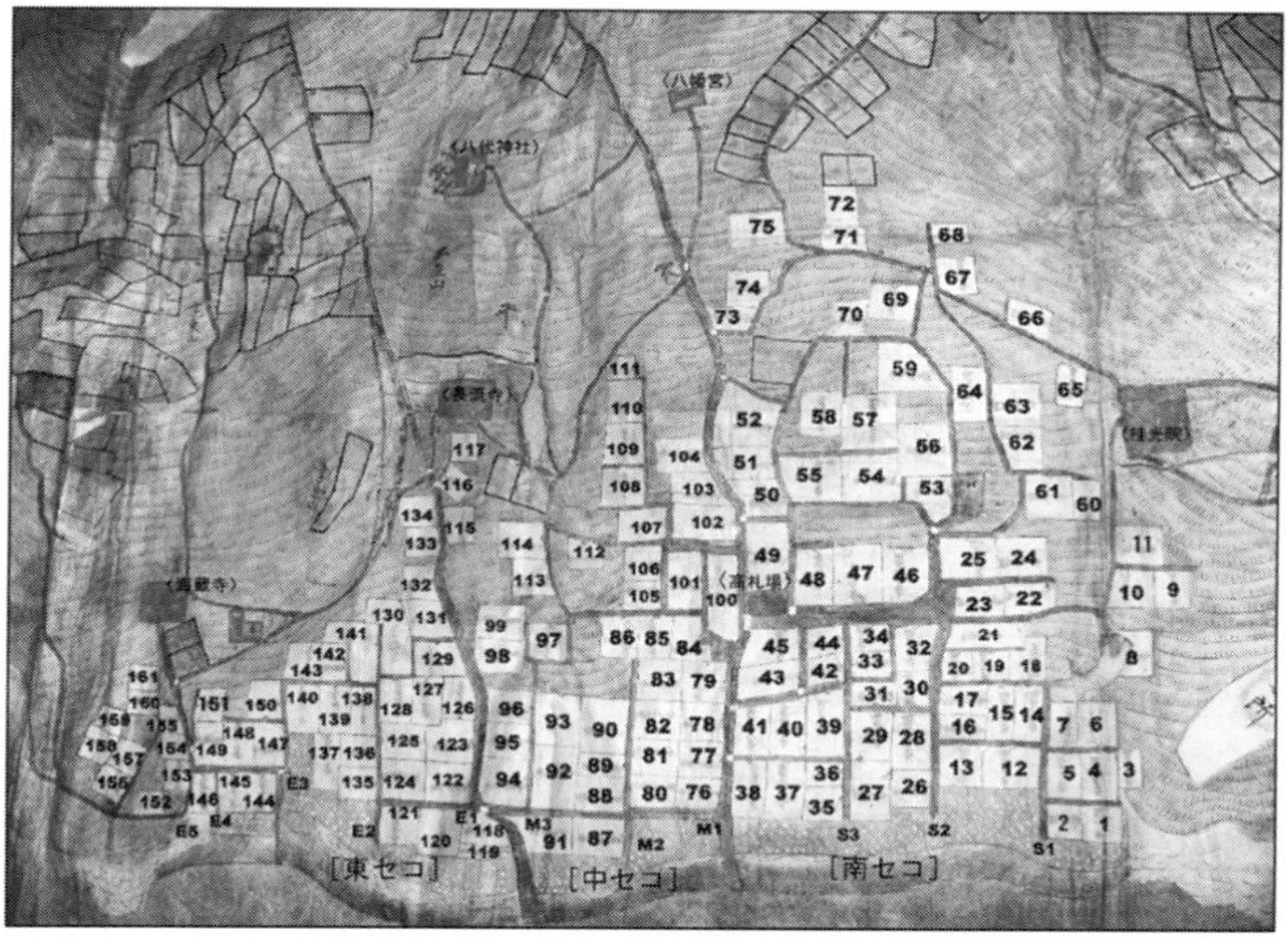

図40　明治五年地引絵図原本（集落）

民の誰もが認めるところであった。

図40は、その絵図の一部分、とくに家屋がある場所を中心に掲出したものであるが、ここでは海岸線のある浜を下に記し、そこから山側に住宅や耕地が描かれている。上が南東、下が北西の方角で、これは通常の地形図とは異なっているが、浜から上陸して集落に向かうときにはもっとも自然で、集落に生活する住民にとっては実際の感覚と合致する描き方といえる。また、ここには合計一六一区画の屋敷が記されているが、南セコの浜側から順番に1～161の番号を記入しておいた。また浜から伸びる道についても、S1、M1、E1などの記号を付記してあるが、これは南セコ（S）、中セコ（M）、東セコ（E）に対応するものである。

これに対し、現代の土地利用はどのように

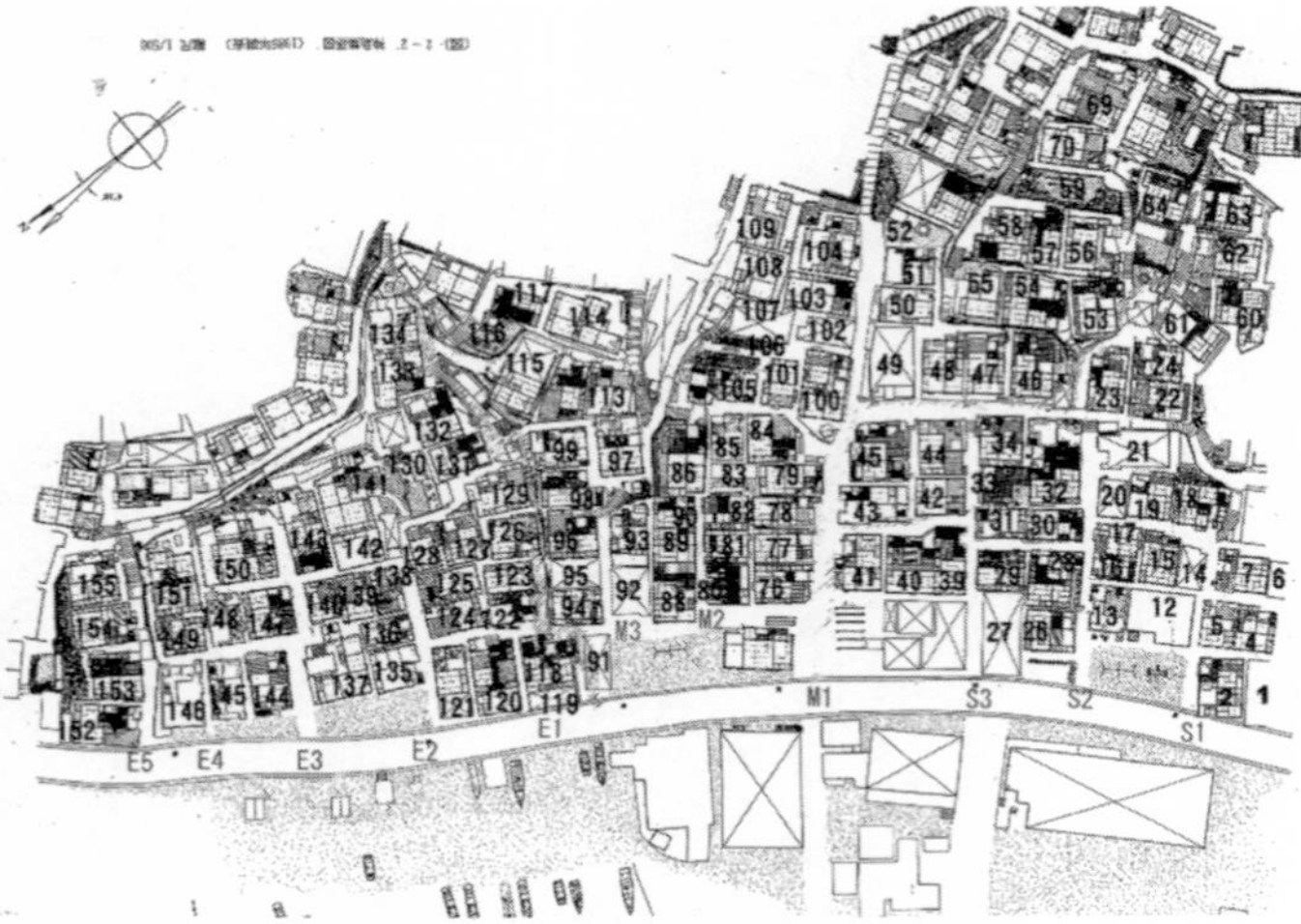

図41　85神島実測図（畑聴一氏による）

なっているのだろう。もっとも基本になるのは国土地理院発行の地形図であるが、個別の家を識別できるような大縮尺の地形図は神島の場合には存在しない。一般にはいわゆる「ゼンリン住宅地図」（ゼンリン株式会社）が便利だが、そこで表示される個人の住宅名などは大まかな目安にはなるものの、やはり正確性に欠けるといわざるを得ない。こうした狭い地域の場合には精密な土地利用図は作成されないのが普通である。しかし神島の場合、幸いにも建築学の畑聴一氏が二つの実測図を作成していてそれを参考にすることができる。一つは一九七五年のもの、もう一つは一九八五年のもので、そこには集落の中心部について、個別の敷地を実測し、さらに一階部分の間取りも再現している。これによって神島では一軒一軒の家の内部までが図面として表示されるようになったのである（以下、「75実測図」「85実測図」のように表記する)。ここでは85実測図を図41として掲出するが、神島でこれ以上に詳細な地図は現在にいたるまで存在していない。

なお、こちらにも個別の住宅に番号を付け、また道路には記号を付記した。このうち宅地の番号は、明治五年の地引絵図に対応すると想定される番号を示している。このような番号を付けられるのは、明治五年の住宅敷地が、現在の住宅の敷地と一致する例が大半であったことを示す。しかしこのうち、浜に近い部分は番号を付けることができていない。これは、この辺りが明治初期の様相と異なり、多くが空地や公共地に変わっていることを物語っている。しかし、それ以外の大半の箇所については番号を付けることができる。それは、実測図と明治五年地引絵図の記載がよく符合すること、換言すれば、現在の住宅が明治初期の住宅敷地を継承していることを実証している。結論を先取りしていえば、現代の神島の住宅は、実は明治初年の屋敷地とほとんど変わっていないのである。

では次に、近年の住宅と地引絵図の細部を比較検討することにしたい。まず、地引絵図によって南セコの細部を見ていくことにしよう(図42)。島を流れる二本の谷川のうち右側の水流(方位でいえば南西)より右手が南セコにあたる。ここでは谷川に沿って一本の道が浜に垂直に走っている(正確には谷川と同じく南西の方角になるが、以下便宜的に南北ミチと記す)。ここは現在「中の通り」と呼ばれることもあるようで、三島由紀夫『潮騒』でも「村の中央の道」と表現される道であることはこれまでも述べた。浜からやや内側に入った場所には茶色で彩色された長方形の区画があるが、地引絵図の注記によれば、ここに「御高札」が設置された。いわゆる高札場である。また、そこから山側に行くと水流が貯まる場所があり、『潮騒』の中ではそこが「洗濯場」として描かれ、多くの女性たちが集まったとされる。さらにこの道は浜から垂直に斜面を上り、途中で分岐して旧八幡宮にいたっている。地元ではこうした通行量の多い特定の道を本ミチと呼ぶとのことである。一方で、本ミチから分岐する枝道はセコミチと呼ばれる。

一方、高札場の場所からは浜に平行の道が右手に走っている（正確な方位は南西になるが、南北ミチに対し、この方向の道を以下では東西ミチと表記する）。この道は、絵図に描かれた唯一の井戸に至るほか、桂光院の両側の道につながり、棒瀬《ぼうぜ》、東田、虎亀《とらがめ》、打越などの、古里の浜に近い耕地へと続いている。谷川に沿った南北道がハマとヤマをつなぐ道であったのに対し、この道は集落と耕地を結ぶ道であったことになろうか。今日の神島では、畑は麦やサツマイモを栽培し、主に自家消費に当てられているが、しかし「島民の常食は、配給制度がはじまるまでは甘藷《かんしょ》が主食となっていた」（倉田正邦「神島の覚書」）とされる。甘藷はサツマイモのことであるが、この指摘を読むと、絵図作成当時の島民にとって、畑がいかに重要であったかが想像される。このミチは集落と島の南部の海岸とを結ぶ唯一の道であり、やはり本ミチと呼ばれている。そうした位置関係が関係するのか、先にも述べたように、三つのセコの中では南セコが一番広く人口も多い。

一方、畑聰一氏が作成した85実測図を見ると、海岸線に面した浜の場所に舗装道路が設置され、海岸付近の様相は一変した（図43）。また、地引絵図にない建物が多く建てられたこともうかがえるが、この舗装道路は75実測図には掲載されておらず、一九八〇年前後に新たに増設されたものと見られる。地元の人はこれを「ツカの道」と呼ぶとのことである。それはこの道を作るとき地中から人骨が発見されたからだというが、だとすればツカとは墓所の意味となろうか。それ以前は砂浜が広がっていた浜辺は、この時期にアスファルトで塗り固められ、また網小屋などが建ち並んだ場所に一本の道路が貫通し、土地の利用状況も大きく変化したことがわかる。

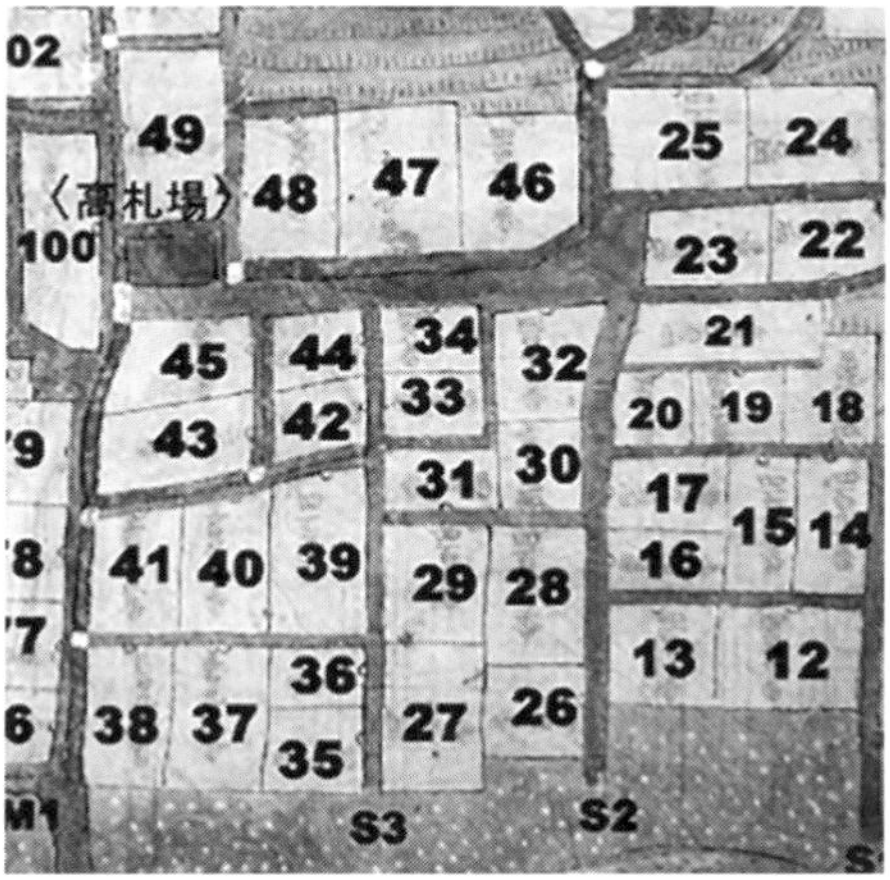

図42　地引絵図（南セコ）

図43　実測図（南セコ）

図44　時計台

しかし、浜から山に向かって伸びる、海岸線に垂直の道は地引絵図と全く同じ構造を示している。図43には二本の道S2・S3があるが、これらはすべて地引絵図の記載と一致しており（図40・図41）、明治初年のミチが現代まで使い続けられたことを示しているのである。明治期の住宅地の大半と道路の体系は、基本的に現在と変化していない。

さて、地引絵図では南北ミチM1から東西ミチが分岐する場所に高札場が描かれているが、実測図ではその区画が消滅し、山側の土地と一体化して一軒の家が建っている。またその前には通称「時計台」が設けられ、これは昭和の初めに島の東部に監的哨《かんてきしょう》が作られたとき、それを記念して陸軍が作ったものとされる（図44）。また、この時計台前の家は近年新しく建て直され、カフェとして再び使用されている。一方、高札場前の東西ミチ自体は現在も本ミチとして使用され続け、島の中でも重要な役割を果たしている。地引絵図ではこのミチの山側に水流が描かれているが（図42）、今それはなく、代わりに暗渠がミチの山側に続いている。おそらくコンクリートの蓋の下には、現在も細々と水が流れているものと推測される。

この東西ミチについては、地引絵図によると山側にカーブし、その先に水流とともに漢字の「井」の字が記されている（図40）。この場所を85実測図で確認すると、現地には井戸が掘られており、どこから涌き出しているのか、現在でも細い水の流れを確認できる。地引絵図はこの点でも現代と一致するのである。

一方、東西ミチから浜側に走る南北ミチについては、いくつかの変化も認められる。まず、地引絵図では屋敷44と45の間に細い道が水流をともなって描かれている（図42）。この場所を実測図で確認すると、たしかに家44と家45の間に細い道が確認できるが、しかし水流はもはや存在しない（図43）。今現地を確認すると細い暗渠が敷設されており、かろうじてかつての水流の痕跡を見ることができる。しかし、幅一メートルに満たないその細い道にはプロパンガスなどが置かれ、すでに街路としての機能は失われつつあるようである。

また、地引絵図（図42）では屋敷32と33・34の間に細い南北ミチが通っており、その道は左に折れてクランク状の形態を示している。32～34の屋敷は、この細い道によって分割されているのである。しかし、この場所を85実測図で確認すると、32と33は一体化して一つの家を形成していることがわかる（図45）。そしてかつて32と34の間を通ったミチも、行き止まりとなり消滅している（図46）。実はこの家32は地引絵図の所有者である小久保三郎治氏の家である。同家では、75実測図を見るとすでに34の家と一体化し、そこに特定郵便局を開設した様子が描かれている。しかし郵便局は間もなく閉鎖され、浜に新たな建物が作られるようになった。おそらくそれと同時期に、小久保家は家32を店舗に

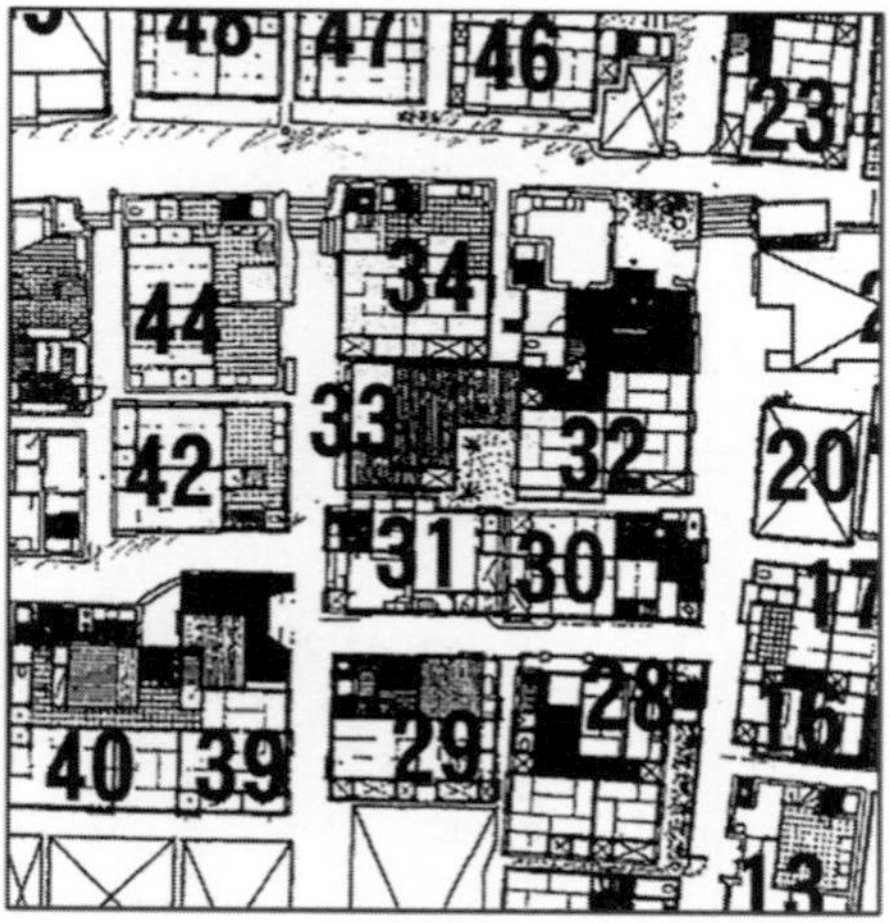

図45　実測図（南セコ）

図46　暗渠となった水流

改装し、そこでタバコや雑貨を販売するようになったのであろう。筆者が初めて三郎治家を訪問したのは、ちょうどこの時期のことである。

ところで、この三郎治家のように、近代まで島には「大元」と呼ばれる有力者がいた。先に紹介したように、寺田三四郎・小久保又左衛門・小久保三郎治・小久保猶右衛門の四家があり、明治に入ってから岡田口左衛門家も加わったとされる。このうち、寺田・岡田の二つの家の所在はわからないが、残る三家については、家の場所が島の人たちによく知られている。それによると、小久保三郎治家は家32・33、小久保又左衛門家は56、小久保猶右衛門家は28の場所にあたり、いずれも南セコに属している。かつて「参海雑志」を残した渡辺崋山は又左衛門の家を訪問したと書かれているが、それは現在集落の奥まった場所にあるこの家だったのだろうか。それはともかくとして、これらの大元の屋敷が南セコの比較的狭い範囲に集中していたことが興味深い。このほか、島の名家として知られる雑貨店の「太津屋《たつや》」は39に、小説『潮騒』にも登場する銭湯があったのは43の屋敷に比定できる。島で有名な家の多くは明治初年の地引絵図と一致する場合が多いのである。

この一方で、地引絵図では高札場前の東西ミチから山側の箇所に狭い等高線が描かれていることも注目される。実際に現地を訪れると、この東西ミチから次第に勾配が急になり、山の斜面を上るためあちこちに階段道が作られているほどである。地引絵図にはこの急斜面にも多くの屋敷が建てられていた様子がうかがえるが、こうした場所に家を作るには人力で平坦地を造成し、その上で家屋を建設しなければならなかった。これに対して85実測図では、この近辺にも家屋が密集し、家々の間に路地のような細いミチが走っている様子が見てとれる。85実測図（図41）には番号のない住宅がいくつも見られるが、これらは地引絵図と対応関係のない宅地であることを示している。すなわちそれは、地引絵図が作成された後、新たに開発された住宅なのである。おそらく神島では明治時代以降人口が増加したが、そうした人々は斜面に家を設営し、あるいは畑を宅地に転用することで住宅を確保していったのである。実測図に登場する番号記載のない宅地は、このようにして形成されていった。

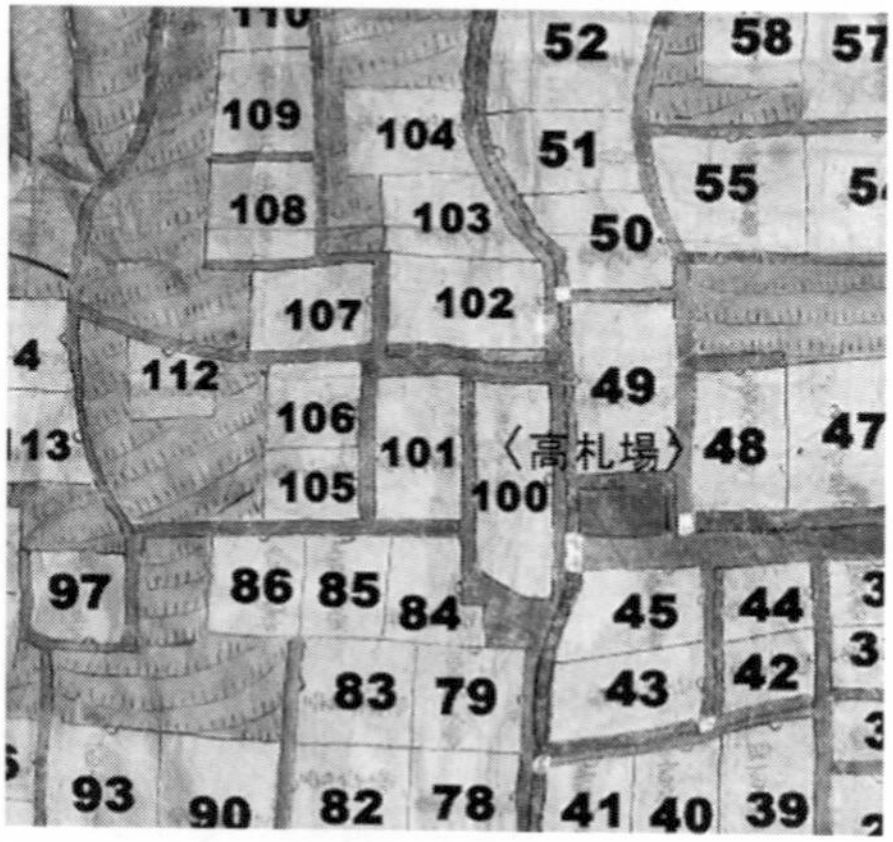

図47　地引絵図（中セコ）

図48　実測図（中セコ）

次に、中セコと東セコに目を転じることにしよう。地引絵図を見ると、高札場前に南北ミチが走り、この道に沿って谷川が流れている様子が描かれているが、この道が「中の通り」と呼ばれ、また「村の中央の道」と表現された街路にあたる。ここが中セコと南セコの境界であったのである。地引絵図にはこの道M1を含め、合計三本の浜に垂直のミチ（南北ミチ）が描かれている。これに対して85実測図にも三本の南北ミチM1～M3が描かれていて、地引絵図に描かれた明治初頭のミチが現在も同じように使用されていることがわかる（図40・図41）。

この一方で、高札場前の中セコ側には屋敷100が位置しているが、この家は浜側に突き出た台形の形状を示し、周囲と比べその敷地規模が大きいのが特色である。そしてこの家の浜側と山側には二本の道が通っている（図47）。浜側の道は家100の形状に合わせて大きく曲がりながら左手に続き、さらに旧長流寺や八代神社に向かう南北ミチに接続している。これに対して、山側には水流をともなうミチが東西に走り、いくつかの住宅の間を抜けて、八代神社に向かう南北ミチに接合している（図47）。

図49　行き止まりの道

この場所を85実測図で確認すると、家100は周囲と同じような長方形の宅地となり、突き出ていた三角形の場所は井戸が掘られていて大きく形状が変化した。しかし、その井戸から左手に行くと家84～86の山側を通るミチが確認でき、かつての地引絵図の形状がそのまま保たれていることがわかる。これに対して、家100の山側には家102、107などが確認できるが、85実測図では水流は痕跡も残っておらず、また道も存在していない。今現地を確認すると、家100と102の間にはかろうじて人が通れるほどの細い道が確保されているが、それは家107に突きあたり、道はそこで行き止まりになっている（図49）。かつての水流の跡も確認できないが、家100の山側の道は現在では消滅したのである（図48）。そのため、地引絵図にあった家107〜111は出入り口を確保できなくなったが、しかし85実測図を見ると現在では家97から新しく山側への道が通り、家108、109などはその道を利用して出入り口を確保しているようである。

なお、大きな規模の家100については、住人である小久保吉夫氏から次のような話をうかがった。そ

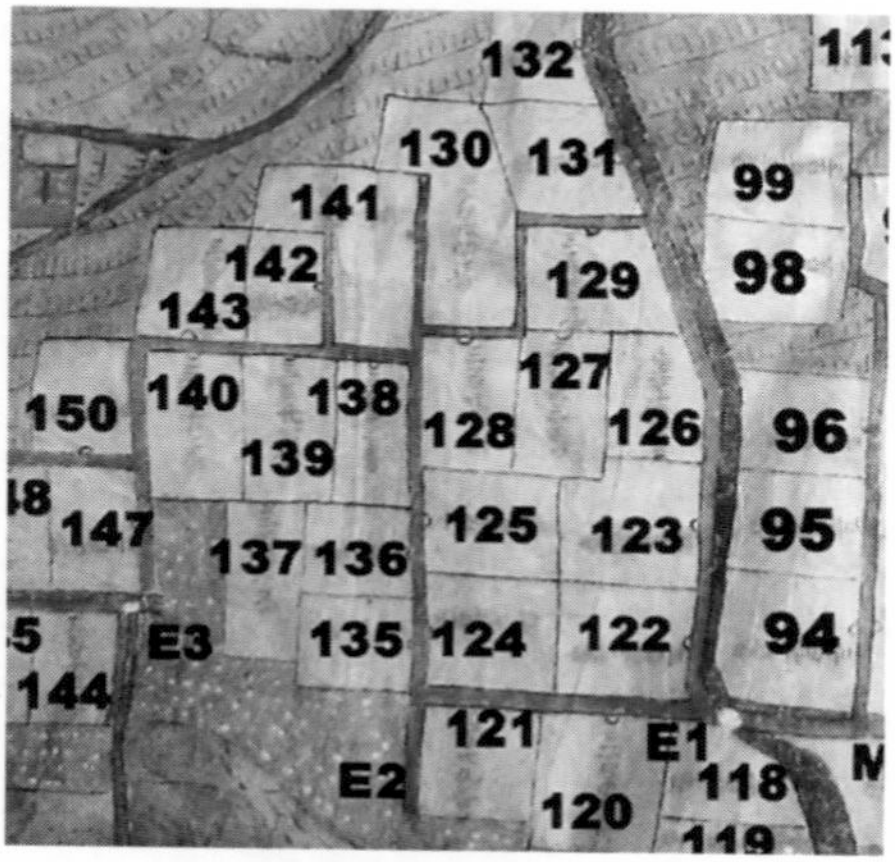

図50　地引絵図（東セコ）

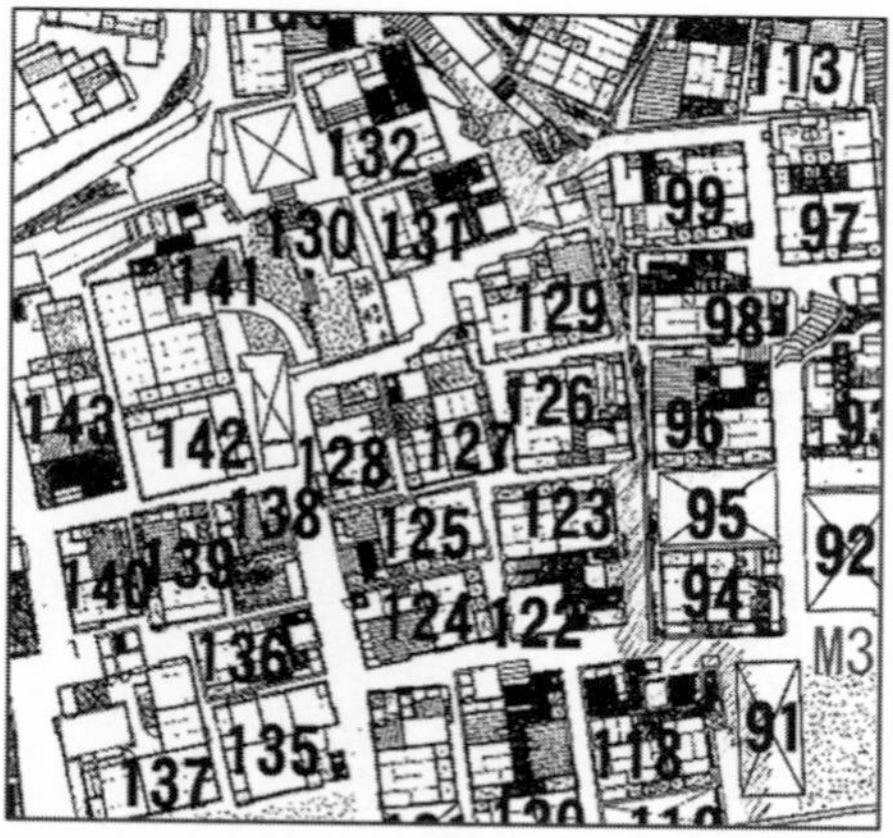

図51　実測図（東セコ）

れによると、長方形から突き出た三角形の場所はもともとその家の土地であったが、大正年間に村の要請で土地を売り、そこに村が共同井戸を掘ったというのである。また、この家は元来小久保又左衛門に関係する家であったというが、もしそうであればこの屋敷は小久保又左衛門家の所有したものだったのだろうか。それはともかく、85実測図にはその井戸が描かれ、現在は使用されていないものの、井戸自体はそのままの形で残されているのである。

図52　暗渠になった谷川

さて、次に東セコについて地引絵図を見ていくことにしたい。同図には二本の谷川のうちの一本が山から海に注ぎ込み、それに沿って道E1が走っている。この道が中セコと東セコ境界になるが、東セコではこれを含め、合計五本の南北ミチE1～E5が浜から山に向かっている（図40）。この五本の道は85実測図でも確認することができ、基本的に現在でも使われていることが確認できる。ただし、地引絵図に描かれた谷川は地表を流れておらず、現状ではすべて暗渠になっていて、85実測図でもそのように表現されていることに注意しておきたい。また、85実測図によれば、山側から降りてくる道E1は、家132、131の前までは確認できるが、家129の山側で行き止まりになっていることも注意される。これに対し、道E1は浜側でもその存在が見てとれる。すなわち、家94・95と家122・123にはさまれた細いミチがそれであるが、しかしこのミチも家126で行き止まりになり、細いミチの右側を流れる暗渠だけが家の脇を走っている。このように、かつて二つのセコの境界を形成した道E1は途中で消滅し、谷川だけが暗渠としてその跡をとどめているのである（図52）。そしてそれに代わるように、地引絵図には描かれていない東西ミチが家99・97に沿って作られ、道M3とつながって浜に出ることができるようになった（図51）。

東セコでは大きく変化した場所がもう一つ存在する。それは東セコの中央にある大きな屋敷の存在で、地引絵図では家130・141の場所にあたる。85実測にはこの二つの区画を一体化させた場所に広い屋敷が形成されるようになった。ここは島で「十太郎や」と呼ばれる住宅で現在ＮＰＯが利用しているが、島内の家では珍しく門を構え、その奥には広い庭が存在していて、門から見ると左手に主屋が、奥には土蔵も作られている（図53）。

地元の方の話では、元来ここは天野重太郎氏の住居で、天野家は海運業で財をなした島の資産家の代表格でもあったという。「重太郎家」はその「重」の字を嫌い現在の「十太郎」に改めたとのことであるが、地引絵図と照合すると、この住宅が屋敷130と屋敷141を一体化して成立したことが確認される。おそらくこの土地は、ある時期に天野重太郎家によって購入されて一つの住宅になったのである。地引絵図には屋敷131と屋敷141の間に細いミチが設けられているが、一区画の住宅地が形成されたことによって、その道も自然に消滅したのであろう（図50・図51）。

図53 「十太郎や」の屋敷

ところで、このような土地の合併は小久保三郎治家でも見られたが、それによって道が廃絶したのは、そうした道が本来私道として設定されていたことを推測させる。もしもそれらが公道として認知されていたら、個人の住宅に取り込むことは難しかったはずだからである。神島の住宅地にはこのような細いミチがあちこちに見られ、とくに浜から離れた山麓には地引絵図にない道が網の目のように通っているが、これらの道には宅地の設定にともなった多くの私道が含まれていると推測される。そしてその性格は、古い道を残す浜側の平坦地にもあてはまるのではなかろうか。神島では多くのセコミチが形成され、また時として簡単に消滅したが、それはミチに対する土地所有権の性格に由来する部分が大きかったと想像されるのである。

なお、東セコの場合も現在の住宅と一致する事例がいくつも確認できる。たとえば、雑貨店である橋本商店は家121に、その向かいにある民宿岬は家135に、また「十太郎や」の山側に位置する民宿喜代恵は家131に、それぞれ比定できる。この点においても地引絵図の記載と現代の住宅がよく一致している。

以上、本稿では明治五年地引絵図および85実測図を比較対照することで、神島の集落を概観してきた。そして二つの資料には比定できる宅地に番号を付け、また道路の場合も対応する箇所に記号を付けた。その結果判明したのは、地引絵図の宅地の多くが現代の住宅と対応することである。この点はとくに浜に近い平坦部の宅地に目立っているが、一方で、海岸線に近い場所では対応する住宅が存在しないケースも目立っている（図40）。浜に接した場所では、住宅が撤去された事例が少なくなかったのである。ただし、全体的な傾向を見れば、地引絵図と85実測図は共通する部分が多く、現在の神島が基本的に明治初期の集落形態を継承したことを示している。

一方で、このことは明治初年の地引絵図の信頼性が高いことを示す事実でもある。そしてその絵図に高札場や郷蔵などの幕藩体制下の施設が含まれていることは、そこに描かれた宅地やミチが江戸時代の幕末期にさかのぼることも示していよう。近世の神島の集落は、基本的にこの地引絵図に描かれているのである。

さて、そうした理解をもとにして、あらためて各セコの宅地やミチの関係を概観したい。まず、南セコについてであるが、図42に示されているように、南セコでは浜に垂直な南北ミチS1～S3が方向をそろえて通っており、それらのミチを結ぶように、浜に平行な道東西ミチが走っている。ただしこの東西ミチについては、南北ミチを貫通して一本のミチを形成する例は一つもなく、アミダクジの線のように、互い違いの場所に位置していることが特徴である。このことは、この地区が南北ミチを基準とし、そこから家々の出入り口を確保するための東西ミチ（セコミチ）が設けられたことを示している。

これに対し、高札場前の東西ミチ（本ミチ）でも、そこを基点に何本もの南北ミチが山に向かって伸びている。しかしそれはいずれも、高札場より浜側のミチと合体して一本の道を形成することがなく、相互に関係のない場所に位置している。高札場より山側の南北ミチは浜側のミチS1～S3と接合しておらず、二つの地域の南北ミチは互いに独立して設定されているのである。おそらくこのことは、高札場前の東西ミチを境として、浜側と山側の二つの地域のミチが異なる原理で設定されたことを物語るものであろう。それは高札場前の東西ミチを境界とする二つの地域性があることを意味している(図42)。

次に中セコについてであるが、二本の谷川にはさまれた中セコでは、M1～M3の三本の南北ミチが浜から伸び、それを基準として整然と屋敷が配置されている様子が地引絵図に描かれている。このうち道M1は、先に述べたように「村の中央の道」「中の通り」などと呼ばれた幹線となるミチで、山側に向かうと八幡宮やその近くにあった水汲み場に続いている。この中セコにも、台形の家100を基準に、その山側と浜側に二本の東西ミチが走り、その奥に造成された山側の家々を結んでいた(図47)。

ところで、南セコと中セコの関係については興味深い点を見いだすことができる。もし、神島が村全体として道路を設けるとすると、南セコの高札場前の東西ミチは、そのまま中セコに直行して一本の道を形成するのが自然である。しかし実際はそうではなく、この東西ミチは屋敷100に突きあたり、そこで行き止まりになってしまうのである。

また、南セコと中セコは、二つの地域を往来するには不便な道路網になっていることにも注目したい。たとえば、高札場の前にある家45から中セコの家85・86に行く場合には、中セコの東西ミチを利用すれば簡単にたどり着くことができる。しかし、東西ミチと接点のない浜側の集落、たとえば82・83に行こうとする場合には、いったん浜まで出て、その上で南北ミチを利用するしか方法がない。つまりこの点で、二つのセコは関係性が悪いといわざるを得ないのであり、道路体系として二つの集落は浜を媒介として結びついている性格が濃いのである（図40地引絵図）。

次に東セコについて。東セコにはE1～E5までの五本の南北路が走っている。くり返し述べたように、このうちE1は東セコと中セコの境界となっているミチであるが、浜を基点としてたどっていくと、このミチは谷川に沿って山に向かい、旧長流寺の境内にいたっている。これに対して東西方向には三本のミチが見られるが、いずれも貫通しておらず、東セコでも南北ミチが基準となり、それらを結ぶものとして東西ミチが分岐している様子がうかがえる（図40地引絵図）。

ところで、東セコの大きな特徴の一つに中セコと連絡するミチが存在しないことがあげられる。すなわち、東セコから中セコや南セコに行くためには、斜面の坂道を上って長流寺境内まで迂回するルートも想定できるが、実際には多くの場合いったん浜に出、そのうえで中セコや南セコに行くのが平坦で自然なコースになる。道路の体系という点で、東セコはとりわけ独立性が高く、中セコや南セコとはハマを介することで初めて結びつくことができたのである。

以上のように、空間構成という観点から見ると、神島の三つのセコは浜を基点として、そこから山側に集落や道路網が形成された姿が浮かびあがる。三つのセコは集落の形態や空間構成において、一定の独立性を保持していたのである。このうち南セコはもっとも屋敷数が多く（全一六一戸のうち七五戸）、しかも大元（網元）である小久保三郎治、小久保又左衛門、小久保猶右衛門の有力者三家が、いずれも南セコに屋敷を構えていた。この点からすると、三つの中では南セコが中心的存在であったものと推測される。

ところで、神島については地引絵図以外にも、近世に作成された絵図が数点存在している。先に紹介したように、八代神社の宝物を収めた神島町文化財収蔵庫や、徳川林政史研究所に保管されているものが知られているが、実は文化財収蔵庫に別の村絵図が一点存在している。この絵図の存在自体は以前から知られていたが、どこにあるのか確認できずに時間だけが過ぎていた。しかし、近年、文化財収蔵庫でその絵図を確認した縣拓也氏（鳥羽市立海の博物館）が高精度のカメラで撮影し、あわせてそのデータを筆者に恵送していただいた。ここで紹介する画像もそれを使用したものである。

図54にあるように、絵図では下辺に海岸線を描き、そこを基準として正面に島の集落や道路を配置している。さらにその後部には島の南端の弁天岬、さらには島でもっとも標高の高い灯明山やその頂上に作られた燈明堂も表現されている。そのほか島の周囲に点在する岩礁なども描かれていて、島全体を描いた村絵図といえる。また、これは島の北西部に位置する神島集落を正面に据えた点で、地引絵図や近世の他の村絵図と同じ構図である。地引絵図の原型となった絵図といってもよい。ただその表現はかなり粗雑な描き方で、地引絵図と比べると正確性を欠いていることは否定できない。

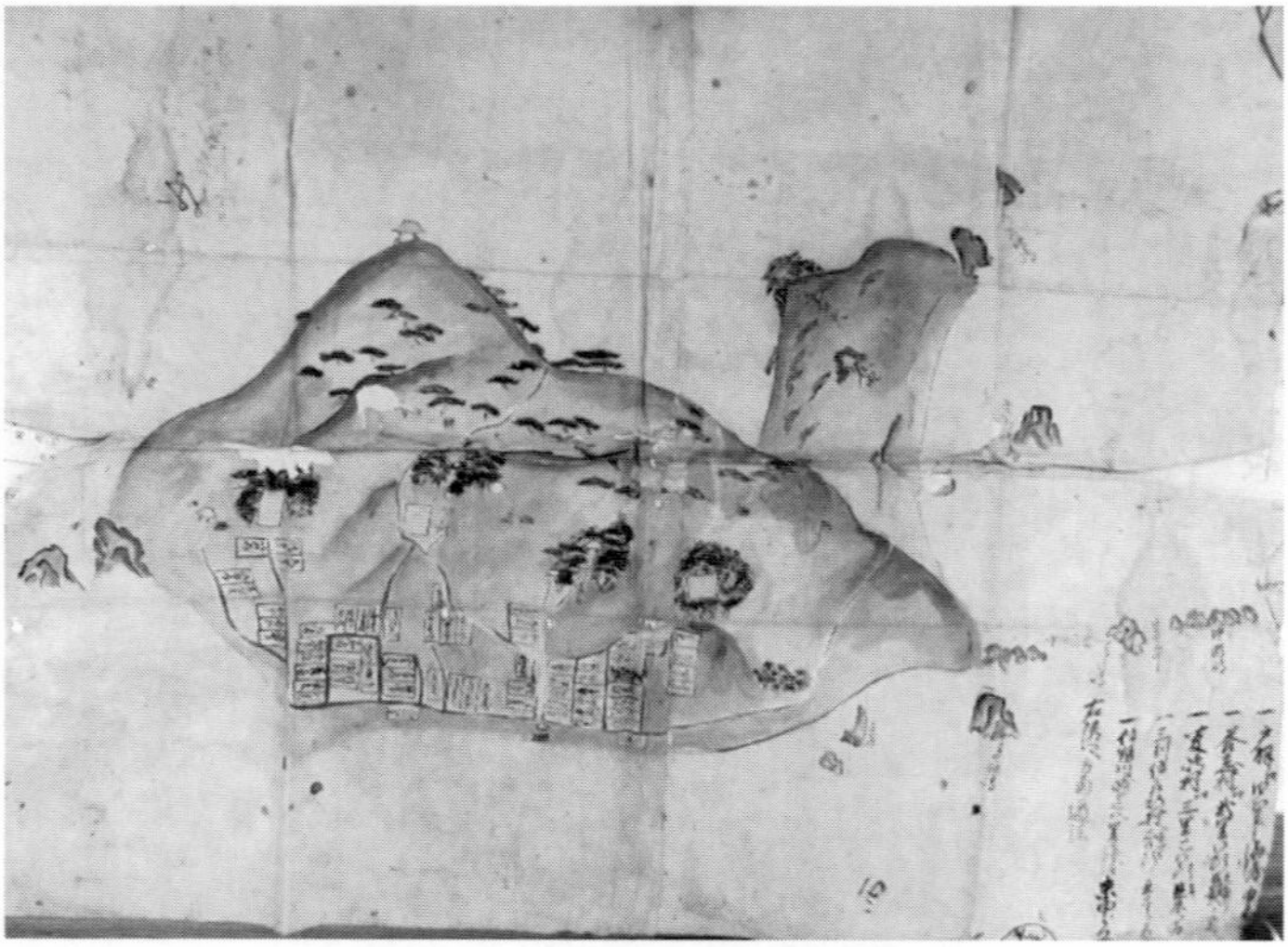

図54　神島村絵図（文化財収蔵庫）

この絵図には紙背に「庄や」の清左衛門・茂左衛門、「肝煎」である九兵衛という人物の名前が記され、あわせて次のような文字が記されている。

勢州度会郡神島村
米高合弐拾三石六斗八合　加子米
銀合五百六拾目　浦役
「村絵図」

残念なことに作成年次に関わる記述はないが、米高（石高）や浦役の数字が記されていることから、江戸時代に作成された村絵図であることは間違いがない。オモテ面には次のような記述があり、神島周辺の島々と伊勢河崎までの位置関係を示している。

一、戸羽江四里之海渡　申酉間
一、答志村江弐里　同断　未申ノ間
一、菅島村江三里　右同断　午未ノ間

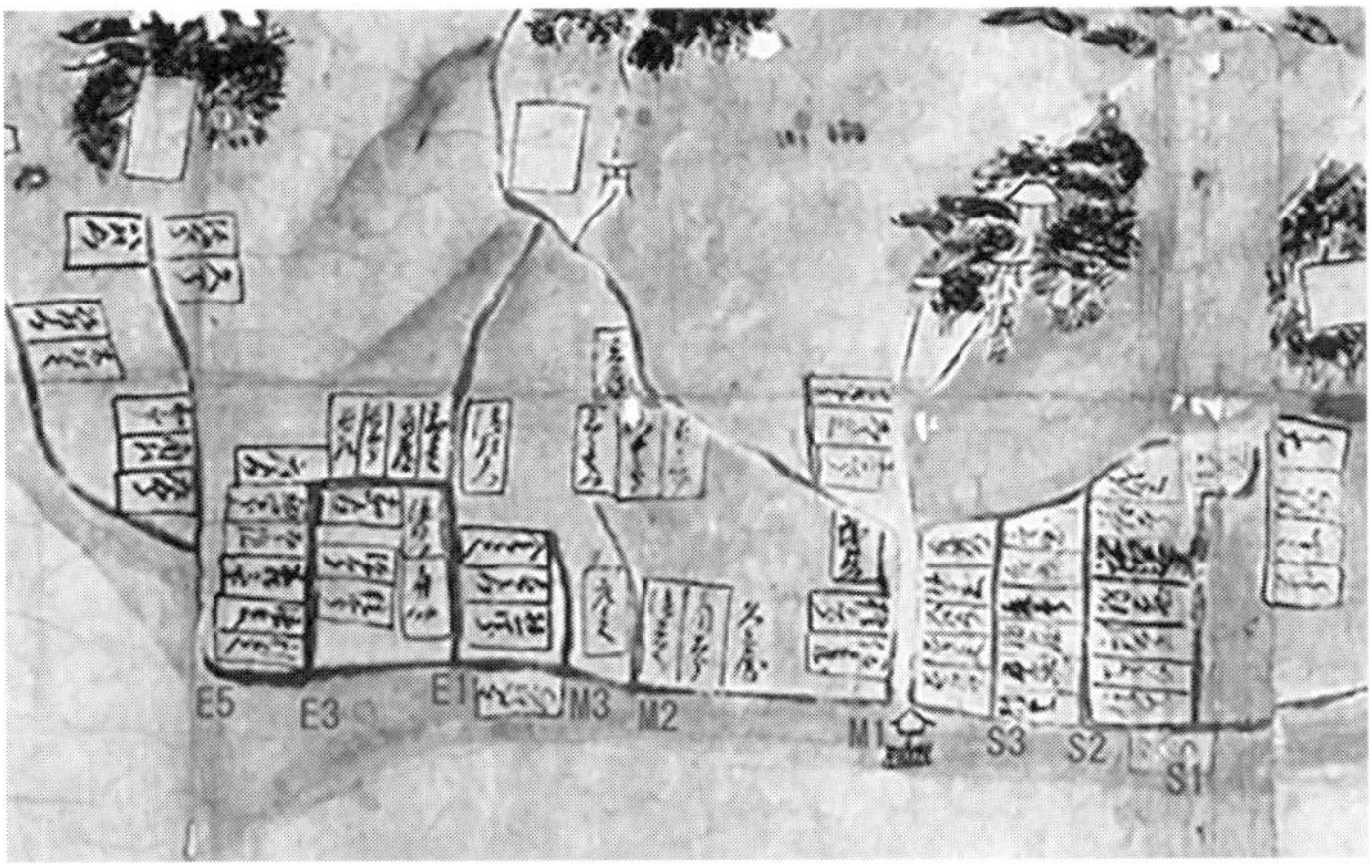

図55　神島村絵図（集落）（文化財収蔵庫）

一、三州伊良胡村壱里　右同断　丑とらノ間
一、伊勢川崎迄八里　海渡　未申ノ間
右、隣郷方角道法

戸羽（鳥羽）までは四里、答志島・菅島へは二里と三里、三河の伊良湖村までは一里で、丑寅つまり東北の方角に当たるという。こうした表記は、徳川林政史研究所所蔵の村絵図とも基本的に共通している。

さて、あらためて絵図のオモテ面を見ると、中央に集落の様子が描かれていることが注目される。図55としてその部分を掲出したが、そこではミチとともに家の区画が記され、あわせてその所有者と思われる人名も逐一記載されているのである。いずれも名前だけで苗字がなく、この点も江戸時代の絵図にふさわしい。こうした記載は今のところ他に類例がないが、合計六四戸の家の区画と人名が記され、きわめて貴重な情報を載せている。ただし、書かれた文字はやや乱雑で、画面が小さいこともあって、明治初年の地引絵図と比べるとミチや地形の位置関係も精度が劣っている。しかしそれでもいくつかの共通点が確認でき、江戸時代の神島の実態を伝える点で貴重な史料といえる。

たとえば、絵図の中央下端には浜高札が描かれているが、そこから山側に伸びて八幡宮に続く道があって、それが現在まで残る「村の中央の道」すなわち地引絵図の道M1に相当することは容易に想像される。また途中で右手に伸びる道は高札場前の東西ミチで、この地域が南セコにあたることは間違いがない。またここでは浜から三本の道が山側に通っているが、これも地引絵図のミチS1～S3に相当しよう。このように、この村絵図は地引絵図の表現とよく一致するのである。これに対し、ここでは高札場前の東西ミチから山側の範囲に宅地が一軒も描かれておらず、この点は地引絵図と大きく異なっている。しかし、それは案外江戸時代の実態を示しているのではなかろうか。当初の集落は、東西ミチの山側には展開していなかったと解釈できるのである。

では、「村の中央の道」の左側はどのように理解できるのだろうか。まず、中央の道M1をたどっていくと、この道は途中で左側に分岐し、縦に長い長方形の屋敷の山側を通って旧長流寺境内に続き、さらには八代神社の参道に設けられた鳥居に向かっている。地引絵図にも高札場の前に台形の形状をした家100が位置し、その両側に二本のミチが伸びていた。この村絵図では道はまっすぐ山側に伸びているので、地引絵図でいえば家100の山側のミチに相当するものと考えられる。この付近の様子を見ると、この辺りにも山側にはほとんど家の記載がなく、宅地は浜から伸びた二本の道に沿って集中していることが見てとれる。この道は地引絵図の道M2、M3に対応すると見られ、この辺りが中セコにあたるのだろう。ここでも住宅は浜側の平坦地に集中し、山側にはわずかな家が点在するだけである。

最後に、画面の左側、すなわち東セコに相当する箇所を見ておくことにしたい。ここではまず、浜から山腹の長流寺に続く長い道が目を引くが、これが谷川に沿った東セコの境界の道E1に相当するとも疑いない。すなわち、ここから左側に描かれたのが東セコで、そこには二本の南北ミチが描かれている。地引絵図ではE2～E5までの四本の道が書かれていて、この村絵図の記載と一致していないが、このうち旧海蔵寺境内に続く道が地引絵図の道E5に相当することは間違いないだろう。地引絵図ではそのほかに二本のミチが書かれているが、しかしこの村絵図では一本の道しか存在していない。村絵図では存在した道を省略したのか、それとも当時は地引絵図の道が作られていなかったのだろうか。両者の関係を残った一本の道をどの道に比定するのかは悩ましいが、ここでは地引絵図で多くの家が集中したE3に相当するものと解釈しておく。

このように、この村絵図は粗略な描き方であるものの、基本的な道は地引絵図の道路体系と一致していることが注目される。そして宅地の配置についても、ある程度は実態の特徴をとらえているのではなかろうか。もしもそうだとすると、神島では江戸時代にすでに南セコ、中セコ、東セコの三つの集落が存在し、それらが浜に近い平坦部に集中していたことがうかがえる。山側に家が立地するのは後の時期のことであり、明治五年の地引絵図には、その開発が次第に進展していた様子がうかがえるのである。他方で、神島では早い時期から三つのセコが分立し、それぞれが浜を基点に集落を構成していたことも注目されよう。このことは、集落が放射状に島全体へ拡大したのでなかったことを示すからである。先に述べたように、江戸時代の古文書では、これらのセコは南村・中村・東村と呼ばれていたことが知られる。セコ内部の結びつきは「村」と表現されるような組織性を示し、そのまとまりは現在よりもずっと緊密であった。そうした関係性は集落の構造にも反映していたのである。

神島の人口は、二〇一九年時点で約三五〇人である。昭和三〇年代には千数百人に達した人口は、以後次第に減少し、それが現在にいたっている。現在ではかつて家屋があった場所が更地になったところも目立ち、また住人不在の家屋も少なくないようである。二〇一九年には恒例であった元旦のゲーター祭も、人手不足のため中止に追い込まれたとのことである。何百年という単位で継続した祭礼が中断したことは、現代という時代が長い歴史の大きな節目にあたっていることを示すのかもしれない。しかし何ごともなかったように、今も神島には密度の高い集落が形成されており、高台にのぼれば瓦屋根で埋めつくされた個性的な景観を目にすることができる。

神島では古くから漁業を生業とし、また近代になると海運業に従事する住民も増加したが、いずれの場合も海を生業の場として生活を送ってきたことに変わりない。そして多くの場合、そうした漁家は親から子へと生業が継承され、一つの「家」を形成してきた。現在の島民のほとんどはこうした住人で構成され、土地や家屋も先祖から継承した例が多い。神島では高度成長期以降に収入や職を求めて島を離れる人々が増えたが、漁業に従事する者は今も数多く島に残り、先祖からの権利関係の中で生き続けたのである。

一方で、神島は離島という地理的条件のため、外部の企業や資本が流入することはほとんどなかったといってよい。そのため大規模な開発などは実施されず、古くからの土地所有者の権利がそのまま残ることになった。実際に開発事業などを行うにはまず大型の重機を島に運び込まなければならないが、しかしその場合には、細いセコミチや急な階段道を通行しなければならず、そうしたことは現実的に不可能である。近年神島でも海岸部分に大規模な埋め立て工事がなされ、また島の南部には新しく小学校・中学校の校舎が築造されたが、それらが可能になったのも、その場所が旧来の集落から離れていたからである。集落内部では土地所有者の権利を優先する限り、土地を削平するなどの大規模な開発は事実上不可能で、古くからの敷地を再利用するか、古い屋敷の配置を残しながらリフォームの手を加えるしか方策がない。こうした要素もあって、神島では継続して古くからの景観が維持されていったのである。

以上、ここでは神島の現在の集落が明治初年の地引絵図と一致することを指摘し、さらにその原形が江戸時代にさかのぼることを説明してきた。逆にいえば、現在の神島は明治時代あるいはそれ以前の古い景観を残す、きわめてまれな土地でもあったのである。

第六章　神島の空間構造

第1節　海辺の景観

神島の港がある周辺には、鳥羽市役所出張所（離島開発センター）や漁業協同組合、すなわち漁協の事務所をはじめとして、公共的な施設が集中して建てられた。近年では、昨今の社会状況を反映して、海岸に近い建物跡に介護施設も作られている。これに対して明治五年の地引絵図では、「屋敷」が海岸のすぐ近くに迫っており、目立った施設は確認できない。したがって、両者の間では、ハマの様相は大きく異なっていたものと推測される。ただし絵図では、ハマが「船入場」として使用されたことが明記されていて、漁師の持ち船が保管される場所となっていたことがわかる。そこは、漁獲を水揚げしたり網を補修したりして、漁を行うための「作業庭」として利用されていたであろうし、漁具を入れる倉庫や納屋が存在したことも容易に想像される。いうまでもないが、船は島民にとって最大の資産であり、また生産の手段である。ハマの一部が船入場として利用されていたことは、そこが入会地と同じ性格の土地であったことを示している。

ハマのこのような性格は、住民の自由な往来を保証し、ひいてはミチとしての役割を与えたにちがいない。絵図によれば中セコと東セコの間には道が設けられておらず、この二つのセコはハマを介して接合していたことになるが、こうした点でハマは、神島の中で最大の東西ミチでもあったことになろう。現在、海岸沿いに敷設されている舗装道路は、こうしたハマの機能を近代的に表現したものといえる。

一方で、ハマの入会地としての性格は、行政の中心である鳥羽市役所出張所や、漁業を円滑に行うための漁協や魚市場・製氷施設などに継承されたと見ることができる。かつて、網元（大元）によって担われていた住民統合の機能は、かたちを変え、こうした近代的組織に継承されたのである。

神島では、ハマからヤマへ向かう二本のミチと、それに沿って流れる谷川によって、南セコ、中セコ、東セコの三つの単位集落が形成されていたが、そもそもこうした地域的まとまりが形成されたのも、家相互のつながりより、ハマと家の結びつきが緊密であったことに由来するのだろう。可能性だけを考えれば、斜面の中腹に立地した家がまとまった単位集団を形成することもありえたと思われるが、実際にはハマと集落の結合関係の方が優先され、ハマを起点とした三つのセコが成立したのである。そして、このことは、集落内のミチや家並みが二次的な存在であることにつながったのではなかろうか。道は家とハマをつなぐための通路であって、不特定多数の人々が来訪することを想定して、家並みのファサードを統一することもなかったし、道を飾り立てることを必要としなかったのである。外来者から見るとまるで迷路のように見える神島の道路体系は、このようにして成立した。神島では現在でも「看板」がほとんどないが、それも同じ精神性を表したものといえる。

ところで、神島の集落については、宗教的施設が濃密に分布することも大きな特徴である。現在では、集落のヤマ側に八代神社と桂光院が位置し、島の唯一の神社及び寺院になっている。しかし江戸時代の古文書や明治初期の地引絵図に見られるように、かつては各セコに寺と神社が存在し、それらが集落を見守るように立地していたことが分かる。先に紹介したように、長流寺、海蔵寺は明治二三年（一八九九）に桂光院に統合され、明治四〇年（一九〇七）頃には島内四社も八代神社に合祀され、セコとの関係は基本的に消滅している。ただし、ハマには現在も各セコに対応する三つの荒神様《こうじん》が祀られ、その前の広場を「塚《つか》」と呼んでいる。大晦日から元旦にかけて行われるゲーター祭では、日輪（アワ）を持った若者がこの塚に立ち寄り、そのあと「東の浜」（東セコの前面にある海浜の箇所）でアワつき神事が行われた。また正月の獅子舞が行われたのも、この三カ所の「塚」であった。一方で、神島の住宅では、ほとんど例外なく氏神などをダイドコにまつり、また座敷には仏壇を安置して先祖を供養している。家の中にも信仰の場を設けるのが当たり前になっているのである。それは現代の一般的住宅と比べるとかなり異質な光景のように見えるが、神島を取りまく自然条件のきびしさを、あらためて思い起こさせよう。

集落の西側、ハマに面する急峻な斜面に設けられた墓地も、島民の宗教性の一端を示している。瀬戸内の港町をはじめとして、海辺の町には集落の奥まった場所に寺がつくられ、その境内に広大な墓域が設けられている光景をしばしば目にするが、神島ではここがただ一つの墓所である（島民の間では「はかしょ」と呼ばれている）。墓はそれぞれの家ごとに墓石が建てられ、この地方に見られるごく一般的な石材が使用されているように見受けられる。近年まで、葬儀は土葬によって営まれ、その様子は萩原秀三郎・萩原法子『神島』（前掲）に写真とともに収録されているが、「葬列はホウロクにワラ・杖をもった火持ち、隠居衆の鐘・竜頭・太鼓、そして僧侶と続き、ノリフネ（坐棺）をヤシナイ二人が吊って、これを白いヒキダシモメンで、肉親縁者の大勢の女の人たちがひいていく」とあって、墓はいわば葬列の終着点にあたる。現地は今にも崩落しそうな急斜面で、住宅を建築するにはおよそ不向きな場所であるが、あるいはそうした土地を選んで共同墓地をつくったと解することもできよう。しかしそれと同時に、そこには島民の世界観をうかがうことができるのではなかろうか。多少うがった見方をすれば、死者もまた海とともに死後の生活を送ったのであり、住民生活は、死と生を分離するのではなく、死者と一体となって営まれたのである。この場所は小説『潮騒』にも書かれ、「墓地はむらのはずれの浜つづきの低い崖の上にあって、満潮時の海は崖のすぐ下まで来た。斜面の凹凸が墓石に埋まり、ある墓は弱い砂地の地盤のために傾いていた」「墓地には冷たい朝風が吹き迷うていた。（中略）夜あけの薄明のなかの墓石は、殷賑な港に停泊している多くの白い帆船のように見える。二度と風を孕まない帆、永すぎる休息のあいだに、重く垂れたまま石に化してしまった帆である。碇は暗い地中に二度と引きあげられぬほど深く刺さっている」という描写が残っている。この墓地は、海に浮かぶ船の帆に例えられるほど、作者に強い印象を与えたのである。

このような住民の生活の基盤となったのは、山とそして海であった。先にも述べたように、地引絵図に描かれた神島では、山の頂上付近まで階段状の耕地が開拓され、その中には畑だけでなく田も含まれていた。こうした状態は明治以降も継続され現在に至っている。島民の主食は、配給制度が始まる戦中期まではサツマイモであったとする記述もあるが、おそらく食生活に占める麦飯やサツマイモの比重は想像以上に高かったのであろう。それらを植えた畑の価値も、現代より格段に高かったと推測される。その一方で、山は島民が燃料となる柴木を採取する場所でもあった。山が入会地として百姓の共同利用地となっていたことは各地で見られたが、「右前々より枝下草は百姓共自由に仕り候。勿論前々より山年貢御座無く候」（「享保一一年大差出帳」）とあるように、神島でもその原則が適用されていた。

一般的な農村では、こうした土地の広がりが村の領域となり、同時に生産の場となった。しかし神島のような漁村では、周囲の海が主たる生産の場になったのである。このことを『潮騒』では「海は漁師にとっては、農民のもっている畠の観念に近かった」と表現し、次のように、漁獲をもたらす海を畠に喩えている。

新治のまわりには広大な海があったが、別に根も葉もない海外雄飛の夢に憧れたりすることはなかった。海は漁師にとっては、農民のもっている土地の観念に近かった。海は生活の場所であって、稲穂や麦のかわりに、白い不定形の穂波が、青ひといろの感じやすい柔土のうえに、たえずそよいでいる畠であった。（『潮騒』第二章）

神島の周囲、とくに志摩半島との間には、沿岸漁業に適した水深の浅い海域が広がっている。海底が岩場で、とくに水深の浅いところは、セギョウ瀬、沖ノ瀬、卯月瀬、タイノシマ（鯛の島）など、固有名で呼ばれているが、陸上と同じように海にも地名が存在したのである。また、地元ではそれらを「コズカミの島」「タイの島」「セギヨセ島」などと、島の名で呼んでいるという。このうち、鯛の島は、もとは長島村といい、天文六年（一五三七）に大波をうけて水没したとの伝承も残されている。実際に「島」であった場所もあるかもしれないが、しかし多くは、水深の浅い岩礁を島と呼んだものであろう。そこには島と水面を同質のものとする意識がうかがえて興味深いが、こうした漁場も村の基本的な領域であったのである。

第２節　集落の形成と原理

さて、神島の詳細な建築学的調査を実施した畑聰一氏は、その社会構造をピラミッド型の図を用いて概念化している。すなわち、底辺（下部構造）に、生産の基幹となるハマ・地先漁場を配置し、その上に集落内の家や山林・農地を配置し、頂点（上部構造）に位置する存在として、八代神社に代表される信仰施設を配している（「漁村住宅の高密度居住形態に関する研究（その2高密度居住の構造）」）。しかし、実際の生活の場において、島民の生活が宗教的な観念によって決定されていたとは見なしがたく、いわゆる神権政治のような存在は、現代はもちろん、前近代にあっても想定しがたい。島民にとっての信仰は、現実の生活を背後から支える存在であり、その中心はあくまでも世俗的な村落生活にあったと考えられる。その意味で、これらの関係を理解するには、ピラミッド型のヒエラルキーとは違う別の視点・方法が求められるのではないだろうか。

神島というこの孤立した村落では、ハマを中心として、そこから分岐する本ミチやセコミチを媒介として集落が形成され、さらにそれらを精神的に支えるものとして、八代神社をはじめとする神社や寺、墓所が存在した。一方で、その生産基盤については、山の斜面を切り開いた耕地が重要な意義をもったが、同時に、ハマを起点として周辺に広がる島独自の漁場が村の重要な要素を構成している。海もまた神島の住民にとって欠くことのできない生活空間の一部だったのである。ハマの存在は、集落と漁場とのいわば境界領域にあたるが、しかしだからこそ、神島の共同体社会の中心的位置を占めていたといえる。今、こうしたさまざまな関係を図に示すと、およそ図56のようになろう。

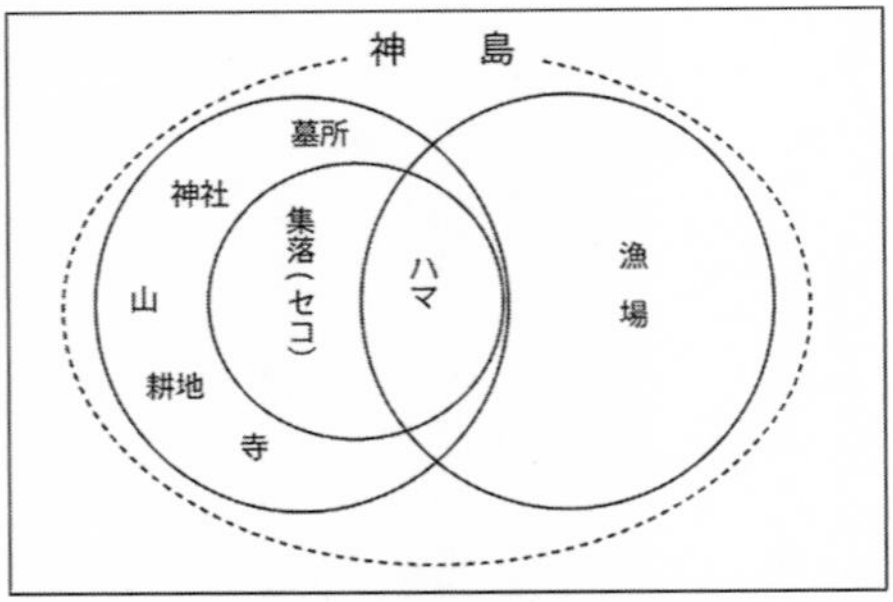

図56　神島集落概念図

集落という言葉は、一般的に個々の家の集合として理解されているが、しかし、人々は住居ですべての生活を営んでいたわけではなく、周囲の空間があってはじめてその生活が成り立っていたことはいうまでもない。そのような地域的なまとまりを広義の〈集落〉と考えるならば、神島の〈集落〉は、ハマを中心に海と島の二つが存在することで、はじめてその生活体系が完結したのである。

さて、以上のように、本稿では神島における集落について、さまざまな点からその特徴を分析してきた。島の北側にまとまって形成された集落、その背後の斜面に拓かれた耕地と社寺、集落内部を走る道路や個々の住居の構造など、論点はまとまりがないままに多岐にわたっている。このような論述を試みたのは、本来、神島という一つの地域社会を理解することを目指したためであるが、その際に手がかりとしたのは空間構成の分析という視点だった。都市史研究ではごく基礎的なこの方法が、民俗学や社会学などの研究では、ほとんど注目されていないことは意外でもあったが、ともかくも、歴史学的な手法でその作業を進めた結果がこれまでの記述となっている。

もっとも、民俗学・文化人類学が調査を実施した時点の状況を主たる研究対象としているのに対し、ここでは、明治五年に描かれた地引絵図を手がかりとして、近代以前の神島を復原することに力点を置いている。民俗学の成果は貴重であるが、本稿ではその手法にしたがうのではなく、むしろそれらの助けをかりながら、かつて存在したであろう「共同体」を目に見える形で復原することを試みたのである。その企てがどれほど成功しているのか、結果ははなはだ心許ない。ただ、神島のかつての姿が少しでも明らかになれば、そしてそれを伝える現代の神島の魅力が伝えられれば、筆者の目的はそれで果たされたことになる。

あとがき

一八三三年に渡辺崋山が神島を訪れたとき、集落は現代と同じように島の北側にまとまって立地していた。しかし、まだ防潮堤や船着き場はなく、集落の前には一面に砂浜が広がり、少し高くなった場所には船が陸揚げされ、そこに百艘あまりの小船が舳先を並べて壮観な風景を見せていた。浜に近い場所には、網小屋や作業場など、村の公共的な施設がつくられ、その奥に小さな平屋の家々が肩を寄せ合うように立ち並んでいる。山からは二本の谷川が海に流れ込んでいたが、そのうち右手の谷川に沿って一本の道が走っており、それが南セコと中セコの境界にもなっている。セコの名称は、現代では祭礼など特殊な場合を除き、日常生活とはほとんど関係ない。しかし、江戸時代には南村・中村・東村など、それぞれが「村」を称していて、社会生活上でも一つのまとまりを示していた。この南セコと中セコの境界となった道は、のちに「村の中央の道」と呼ばれる主要な道となったが、この道を少し山側に入ると高札場がある。ここに高札場が置かれたのは、当時から村の中心的な街路だったからだろう。この道は、さらに山に進んでいくと八幡宮に続くが、その近くには「井戸ノ上」という地名も地引絵図に書かれていて、おそらく八幡宮の近くに水汲み場があったらしい。また、高札場前ではハマに平行な道が走っており、この道は島の反対の南側にある古里の浜やニワの浜、弁天岬に続いていて、途中には小さな畑や田が密集している。南セコには、又左衛門、三郎治、猶右衛門といった有力者の家もあって、島の中でもっとも家数の多い地域である。ハマからは路地のような細い道が何本も山に向かって続き、その両側に小さな家々が立ち並んだ。ハマから山側を眺めると、右手の高台に桂光院の瓦屋根が輝いている。

谷川に沿った道の左手には中セコの集落がある。境界になった道を左手に折れると八代明神に至る細い山道があり、ここが島で最も有力な神社で、神島の三つのセコが共同して維持管理していた。参道の山道の入り口には鳥居が立てられた様子が絵図で確認できるが、その左手の平坦地には長流寺があって、ここが中セコ所在の寺となっていた。ハマから見ると、南セコと同じように何本かのセコミチが山側に続き、その両側に家が建てられている。ただ、現代では標高の高い場所にも住宅が建てられているが、江戸時代にはまだそのような住宅は少なく、ほとんどは平坦地に密集していたと想定される。

二本の谷川のうち、別のもう一つの水流は集落の左手にあった。それに沿ってつくられた道が中セコと東セコの境界を形成している。東セコは三つのセコの中では最も規模が小さいが、ハマから見ると谷川の左側に三本のセコミチがあり、その両側に家々が並ぶ光景は、ほかのセコと同じである。そして、一番左手の山に伸びる道は、高台にある海蔵寺に続き、現代もその門柱のあとの石を確認することができる。またこの寺のすぐ右手には、島の漁獲を収めた郷蔵が設けられており、租税を納めた鳥羽藩との結びつきを象徴する存在だった。東セコの集落の背後には、山を切り開いてつくった小さな畑が密集し、段々畑をなした小さな耕地が海からも見えただろう。また、東セコの左手は、方位でいえば島の北端に当たるが、この海岸近くに来ると、伊良湖水道をはさんで伊良湖半島が間近に見えるほか、波静かな海の向こうには篠島の平坦な島影があり、左に目を転じると知多半島や先端の師崎の港がすぐそこに迫っていた。

「参海雑志」を遺した渡辺崋山がこの島を訪れたときにも、またこのような光景が広がっていたはずである。崋山は島の「旧家」である又左衛門の家を訪れたが、それを彼は「島長のごとし」と書き、島の最有力者であると説明した。又左衛門の家は今も島の中に残り、南セコの小高い場所に確認することができる。ただ、当時の古文書や絵図の記載を参照すると、島には他にも三四郎、三郎治という何名かの旧家があり、猶右衛門も同様の存在であった。しかしこれらの数名だけが島を統治したわけではなく、村と呼ばれるセコの結びつきが、その有力者の下に組織されていた。この頃の神島の人口はおよそ五百人、比較的小さな集団といえようが、ただそれでも、専制君主のように一人の有力者が存在するのでなく、何名かの有力者が互いに共同して全体を見守り、その配下には南村、中村、東村からなる三つのセコの結びつきが一定の機能を果たしたのである。共同体といえば、首長を頂点とする強固な集団を想定することもできようが、ここには、ゆるやかな支配者のまとまりがあり、その下で中間団体といえる存在が機能していたのである。日本の歴史の中では古代や中世にも「共同体」の存在が想定されてきたが、ここには近世における限られた空間の共同体の姿が見てとれよう。

数百人単位の集団であっても、それを統治する独裁君主のような存在は、この神島には存在しなかったのである。

筆者が常日頃従事しているのは、大学の史学科で日本史を教える仕事である。とりわけ、日本古代史を専門とし、これまで何冊か本も上梓することができた。しかし、近世史や近代史は全くの門外漢といってよいほどで、本来なら自分がこのような業績を提示するのはとてもふさわしくない。しかし、元来日本古代史の中でも、建築史や都市史に関連する作業を継続してきたため、その手法を伊勢湾の離島神島に応用したのである。その意味で、ここに書いた文章は、自分の専門分野の延長線上にあるものといえる。

このような経歴の持ち主が神島に興味を持った理由の一つは、自分が生まれ育った地域に近いことがあるが、それ以上に、三島由紀夫の小説『潮騒』に魅了されたことが大きい。現代では映画のロケ地をめぐる「聖地巡礼」が脚光を浴びているが、それと似たような感覚が自分にあったことも否定できないようである。『潮騒』の舞台をめぐることは小説の追体験でもあった。しかしそれ以上に、二〇一〇年前後に同じ職場の岩田みゆき先生が主催する科研費の一員に加えていただき、近世史や漁業を専門とする民俗学研究者の方々と出会えたことが研究の出発点になった。それ以降、自分の趣味に似た関心は学術研究の真似事になり、ポツポツと研究を発表して、気がつくともう六点にもなっていた。次にそれを年代順に紹介しておくことにしたい。

①「鳥羽市神島の集落とその構造―地引絵図の分析を中心に―」(『日本における漁業・漁民・漁村の総合的研究』〈平成一八年度～二一年度科学研究費補助金（基盤研究B）研究成果報告書〉、二〇一〇年)。
②「鳥羽市神島の近世文書」(『青山史学』三一号、二〇一三年)。
③「近世神島の村絵図」(『青山史学』三三号、二〇一五年)。
④「『参海雑志』にみえる近世の神島」(『青山史学』三四号、二〇一六年)。
⑤「近世神島の漁業と租税体系」(『青山史学』三七号、二〇一九年)。
⑥「鳥羽市神島の歴史と現在―漁村集落の空間復原―」(青山学院大学文学部『紀要』六一号、二〇二〇年)。

六点の業績はそれぞれ独立しており、これをそのまま一冊の業績にまとめることは重複が目立って、とても不可能のことに思えたが、今回⑥が書けたことをきっかけに、その内容をまとまった形で残すことを考えたのである。その際、学術的な論文に付きものの註は削除して全体を本文だけで一貫させること、そして、平易な文章で一般の人にも理解していただけるように心がけた。ただ、内容は右の学術論文に依拠しており、もし典拠が不明な箇所がある場合には、直接元の論文にあたってもらえると幸いである。しかし、元来このような方法でこれまでの業績をまとめたため、どうしても重複する箇所が残っている。その点は不本意なところであるが、ある程度ご海容いただきたい。

初めて神島を訪れたのは、二〇〇九年頃になるだろうか。実際に島に足を踏み入れたときには、周囲を海に囲まれることの孤独な感覚を実感でき、離島がもつ独特の感覚を体感した。それから何度も島に渡ったが、その間に小久保三郎治氏にお目にかかり、奥さんの福子さんとともに、村絵図を拝見することもできた。ただ、平成二二年（二〇一〇）に三郎治氏は九一歳で亡くなり、島の住人も高齢化が進んだ。かつて昼食のための菓子パンを買った橋本商店も閉鎖して、今、島には営業する店舗が一軒もない。島民の多くは定期船で鳥羽・佐田浜港までわたり、その駐車場に置いてある自家用車を使って鳥羽市内で買い物をするのだという。

さて、本書をまとめるにあたっては、さまざまな人たちのお世話になった。島民や八代神社の方には、島の古文書閲覧に便宜を図っていただいた。文書や村絵図の写真は岩田みゆき先生が撮影したが、本稿の業績はその時の写真を利用させていただいている。また、その成果を発表するにあたって、八代神社・鳥羽市教育委員会や、村絵図を保管・管理した徳川林政史研究所にもお世話になった。島の文化財収蔵庫の村絵図に関しては、鳥羽市立海の博物館の縣拓也氏のご厚意も受けている。

最後になったが、島での生活の詳細については、神島町の藤原喜代造さん、小久保吉夫さんから詳しい話をうかがうことができた。お二人はゲーター祭りで島の「宮持ち」を務めた経験があり、隠居衆の一員でもある。さらに、鎌田由加里さんにはお二人をご紹介いただき、また集落内部にも足を運んで詳しい話を聞かせていただいた。加えて、鎌田さんも編集に加わった島の旅社編『しおさいの島神島』には、昭和四〇年頃の神島を伝える古い写真が多数収録されており、神島を知る貴重な資料となっている。島の人々にあらためてお礼を申し上げたい。

本稿を作成するにあたり、いま一度神島にわたって文化財収蔵庫の資料を閲覧するなど、いくつも実施したいことがあったが、昨年からのコロナ感染症流行で、それも実現できなかった。うかつに外部の人間が孤島に行くことは不可能になったのである。現時点で神島の感染者はゼロとのことである。

二〇二一年八月

引用・参考文献

第一章

三島由紀夫「『潮騒』創作ノート」『決定版　三島由紀夫全集』第四巻、新潮社、二〇〇一年）。

柳田国男『遊海島記』（『定本柳田国男全集』二巻。筑摩書房、一九八九年。一九〇二年初出）。

田山花袋『東京の三十年』岩波書店、一九八一年。

和歌森太郎「神島の村落構成と神事」『民間伝承』一二の一一・一二合併号、一九四八年。

和歌森太郎編『志摩の民俗』吉川弘文館、一九六五年。

三島由紀夫「神島の思ひ出」『決定版　三島由紀夫全集』第三三巻、新潮社、二〇〇三年、一九五五年初出。

原広司『集落の教え　一〇〇』彰国社、一九九八年。

澤瀉久孝『万葉集注釈』巻第一、中央公論社、一九八四年。

大西源一「志摩神島八代神社の古神宝」『國學院雑誌』五六ノ二、一九五六年。

海上保安庁燈台部編『日本燈台史』丸の内出版、一九六九年。

山崎英二「志摩国近世漁村資料集　浜島町を中心として」『三重県郷土資料叢書』第六集、一九六七年。

田辺悟・田辺弥栄子『潮騒の島─神島民俗誌─』、光書房、一九八〇年。

東京女子大学民俗調査団編『神島の民俗誌　三重県鳥羽市神島町　二〇〇四年度調査報告』二〇〇五年。

第二章

鳥羽市史編さん室編『鳥羽市史』上巻・下巻、一九九二年。

田辺悟・田辺弥栄子『潮騒の島』（前掲）。

『日本歴史地名大系 第二四巻 三重県の地名』平凡社、一九八三年。

古田良一『人物叢書　河村瑞賢』吉川弘文館、一九六四年。

小久保彦『神島由来記』一九六四年。

倉田正邦「神島の覚書」『郷土志摩』四四号、一九七三年。

萩原秀三郎・萩原法子『神島』井場書店、一九七三年。

山崎英二「志摩国近世漁村資料集　浜島町を中心として」（前掲）。

三重大学学芸学部地理学研究室「神島調査概報」『三重地理学会報』第六号、一九五七年。

松本茂一「逢難風記録解読―志州答志郡神島村―」『郷土志摩』四四号、一九七三年。

山岡俊明編『類聚名物考』歴史図書社、一九七四年。

渡辺崋山「参海雑志」小澤耕一・芳賀登監修『渡辺崋山集』第2巻、日本図書センター、一九九九年。

後藤和雄「村落構造」牧野由朗編『志摩漁村の研究』所収、名著出版、一九九四年。

中田実「部落の共同体的性格」（同右）。

第三章

倉田正邦「神島の覚書」（前掲）。

三重大学学芸学部地理学研究室「神島調査概報」（前掲）。

佐藤甚次郎『神奈川県の明治期地籍図』暁印書館、一九九三年。

佐々木寛司『地租改正』中央公論社、一九八九年。

「鳥羽志摩百年年表」『郷土志摩』四〇号、一九七〇年。

三島由紀夫『潮騒』新潮社、二〇一三年、一九五五年初出。

鳥羽市史編さん室編『鳥羽市史』上巻、一九九一年（前掲）。

第四章

鮎川俊介『崋山の旅 新しい風景との出会い』幻冬舎、二〇一六年。

森銑三『渡辺崋山』中央公論社、一九七八年。

佐藤昌介『人物叢書　渡辺崋山』吉川弘文館、一九八六年。

芳賀　徹『渡辺崋山　優しい旅人』朝日新聞社、一九七四年。

渡辺崋山「参海雑志」小澤耕一・芳賀登監修『渡辺崋山集』第2巻、日本図書センター、一九九九年。

渡辺崋山「参海雑志」、小澤耕一・芳賀登監修『渡辺崋山集』第6巻、日本図書センター、一九九九年。

渡辺崋山「参海雑志」国立国会図書館デジタルコレクション https://dl.ndl.go.jp/info:ndljp/pid/932222
倉田正邦「神島の覚書」（前掲）。

鳥羽市史編さん室編『鳥羽市史』下巻、一九九一年（前掲）。

三重神職会編『三重県神社誌』第4巻、一九二六年。国立国会図書館デジタルコレクション） https://dl.ndl.go.jp/info:ndljp/pid/943712

第五章

三島由紀夫『潮騒』（前掲）。

和歌森太郎編『志摩の民俗』（前掲）。

畑聰一「漁村住宅の高密度居住形態に関する研究（その1漁村住宅の実態）」『住宅建築研究所報』七号、一九八〇年。

畑聰一「漁村住宅の高密度居住形態に関する研究（その2高密度居住の構造）」『住宅建築研究所報』八号、一九八一年。

畑聰一『共同性に基づく離島集落の再生手法に関する研究』（科学研究費補助金研究成果報告書）二〇〇二年。

萩原秀三郎・萩原法子『神島』（前掲）。

東京大学工学部建築学科稲垣研究室「大和郡山城下町における住宅地形成の解析」『住宅建築研究所報』七号、一九八〇年。

田辺悟・田辺弥栄子『潮騒の島』（前掲）。

倉田正邦「神島の覚書」（前掲）。

第六章

萩原秀三郎・萩原法子『神島』（前掲）。

「享保一一年大差出帳」、鳥羽市史編さん室編『鳥羽市史』下巻、一九九一年。

畑聰一「漁村住宅の高密度居住形態に関する研究（その2高密度居住の構造）」（前掲）。

中山正典「鳥羽市神島の民俗的空間と時間」『民俗文化』五号、一九九三年。

【著者略歴】
北村　優季（きたむら・まさき）
1956年生まれ
1985年　東京大学大学院人文科学研究科博士課程中退　博士（文学）
現在　青山学院大学文学部教授

主要業績
『平安京―その歴史と構造―』（吉川弘文館、1995年）
『歴史文化ライブラリー　平安京の災害史』（吉川弘文館、2012年）
『平城京成立史論』（吉川弘文館、2013年）

神島《かみしま》の歴史《れきし》と空間《くうかん》　――日本の原風景――

2022年（令和４年）８月20日　初版第１刷発行

著　者　北村　優季
発行所　株式会社 名著出版
〒571-0002 大阪府門真市岸和田2-21-8　電話 072-887-4551
https://www.meicho.co.jp/
発行者　平井　誠司
印刷・製本　藤原印刷株式会社

ISBN978-4-626-01910-3　C3025　Printed in Japan